CARTA ENCÍCLICA

CARITAS IN VERITATE

DO SUMO PONTÍFICE BENTO XVI

AOS BISPOS, PRESBÍTEROS E DIÁCONOS,
ÀS PESSOAS CONSAGRADAS, AOS FIÉIS LEIGOS
E A TODOS OS HOMENS DE BOA VONTADE

SOBRE O DESENVOLVIMENTO HUMANO
INTEGRAL NA CARIDADE E NA VERDADE

© 2009 – Libreria Editrice Vaticana

Direção-geral: *Flávia Reginatto*
Editora responsável: *Vera Ivanise Bombonatto*

2ª edição – 2009
4ª reimpressão – 2021

Nenhuma parte desta obra poderá ser reproduzida ou transmitida por qualquer forma e/ou quaisquer meios (eletrônico ou mecânico, incluindo fotocópia e gravação) ou arquivada em qualquer sistema ou banco de dados sem permissão escrita da Editora. Direitos reservados.

Paulinas
Rua Dona Inácia Uchoa, 62
04110-020 – São Paulo – SP (Brasil)
Tel.: (11) 2125-3500
http://www.paulinas.com.br – editora@paulinas.com.br
Telemarketing e SAC: 0800-7010081

© Pia Sociedade Filhas de São Paulo – São Paulo, 2009

INTRODUÇÃO

1. A caridade na verdade, que Jesus Cristo testemunhou com a sua vida terrena e sobretudo com a sua morte e ressurreição, é a força propulsora principal para o verdadeiro desenvolvimento de cada pessoa e da humanidade inteira. O amor — *"caritas"* — é uma força extraordinária, que impele as pessoas a comprometerem-se, com coragem e generosidade, no campo da justiça e da paz. É uma força que tem a sua origem em Deus, Amor eterno e Verdade absoluta. Cada um encontra o bem próprio, aderindo ao projeto que Deus tem para ele a fim de o realizar plenamente: com efeito, é em tal projeto que encontra a verdade sobre si mesmo e, aderindo a ela, torna-se livre (cf. *Jo* 8,22). Por isso, defender a verdade, propô-la com humildade e convicção e testemunhá-la na vida são formas exigentes e imprescindíveis de caridade. Esta, de fato, "rejubila com a verdade" (*1Cor* 13,6). Todos os homens sentem o impulso interior para amar de maneira autêntica: amor e verdade nunca desaparecem de todo neles, porque são a vocação colocada por Deus no coração e na mente de cada homem. Jesus Cristo purifica e liberta das nossas carências humanas a busca do amor e da verdade e desvenda-nos, em plenitude, a iniciativa de amor e o

projeto de vida verdadeira que Deus preparou para nós. Em Cristo, a *caridade na verdade* torna-se o Rosto da sua Pessoa, uma vocação a nós dirigida para amarmos os nossos irmãos na verdade do seu projeto. De fato, Ele mesmo é a Verdade (cf. *Jo* 14,6).

2. A caridade é a via mestra da doutrina social da Igreja. As diversas responsabilidades e compromissos por ela delineados derivam da caridade, que é — como ensinou Jesus — a síntese de toda a Lei (cf. *Mt* 22,36-40). A caridade dá verdadeira substância à relação pessoal com Deus e com o próximo; é o princípio não só das microrrelações estabelecidas entre amigos, na família, no pequeno grupo, mas também das macrorrelações como relacionamentos sociais, econômicos, políticos. Para a Igreja — instruída pelo Evangelho —, a caridade é tudo porque, como ensina São João (cf. *1Jo* 4,8.16) e como recordei na minha primeira carta encíclica, "Deus é caridade" (*Deus caritas est*): *da caridade de Deus tudo provém, por ela tudo toma forma, para ela tudo tende.* A caridade é o dom maior que Deus concedeu aos homens; é sua promessa e nossa esperança.

Estou ciente dos desvios e esvaziamento de sentido que a caridade não cessa de enfrentar com o risco, daí resultante, de ser mal-entendida, de excluí-la da vida ética e, em todo caso, de impedir a sua correta valorização. Nos âmbitos social, jurídico, cultural, político e econômico, ou seja, nos contextos mais expostos a tal perigo, não é difícil ouvir declarar a sua irrelevância para interpretar e orientar as responsabilidades morais. Daqui a necessidade de conjugar a caridade com a verdade, não só na direção assinalada por São Paulo da *"veritas in caritate"* (*Ef* 4,15), mas também na direção inversa e complementar da *"caritas in veritate"*. A verdade há de ser procurada, encontrada e expressa na "economia" da caridade, mas esta por sua vez há de ser compreendida, avaliada e praticada sob a luz da verdade. Deste modo teremos não apenas prestado um serviço à caridade, iluminada pela verdade, mas também contribuído para acreditar na verdade, mostrando o seu poder de autenticação e persuasão na vida social concreta. Fato este que se deve ter bem em conta hoje, num contexto social e cultural que relativiza a verdade, aparecendo muitas vezes negligente, se não mesmo refratário, à mesma.

3. Pela sua estreita ligação com a verdade, a caridade pode ser reconhecida como expressão autêntica de humanidade e como elemento de importância fundamental nas relações humanas, nomeadamente de natureza pública. *Só na verdade é que a caridade refulge* e pode ser autenticamente vivida. A verdade é luz que dá sentido e valor à caridade. Esta luz é simultaneamente a luz da razão e a da fé, através das quais a inteligência chega à verdade natural e sobrenatural da

caridade: identifica o seu significado de doação, acolhimento e comunhão. Sem verdade, a caridade cai no
sentimentalismo. O amor torna-se um invólucro vazio,
que se pode encher arbitrariamente. É o risco fatal do
amor numa cultura sem verdade; acaba prisioneiro das
emoções e opiniões contingentes dos indivíduos, uma
palavra abusada e adulterada, chegando a significar o
oposto do que é realmente. A verdade liberta a caridade
dos estrangulamentos do emotivismo, que a despoja de
conteúdos relacionais e sociais, e do fideísmo, que a
priva de amplitude humana e universal. Na verdade, a
caridade reflete a dimensão simultaneamente pessoal
e pública da fé no Deus bíblico, que é conjuntamente
"Agápe" e *"Lógos"*: Caridade e Verdade, Amor e Palavra.

4. Porque repleta de verdade, a caridade pode ser
compreendida pelo homem na sua riqueza de valores,
partilhada e comunicada. Com efeito, *a verdade é
"lógos" que cria "diá-logos"* e, consequentemente,
comunicação e comunhão. A verdade, fazendo sair os
homens das opiniões e sensações subjetivas, permite-
-lhes ultrapassar determinações culturais e históricas
para se encontrarem na avaliação do valor e substância
das coisas. A verdade abre e une as inteligências no
lógos do amor: tal é o anúncio e o testemunho cristão
da caridade. No atual contexto social e cultural, em
que aparece generalizada a tendência de relativizar a

verdade, viver a caridade na verdade leva a compreender que a adesão aos valores do cristianismo é um elemento útil e mesmo indispensável para a construção de uma boa sociedade e de um verdadeiro desenvolvimento humano integral. Um cristianismo de caridade sem verdade pode ser facilmente confundido com uma reserva de bons sentimentos, úteis para a convivência social, mas marginais. Deste modo, deixaria de haver verdadeira e propriamente lugar para Deus no mundo. Sem a verdade, a caridade acaba confinada num âmbito restrito e carecido de relações; fica excluída dos projetos e processos de construção de um desenvolvimento humano de alcance universal, no diálogo entre o saber e a realização prática.

5. A caridade é amor recebido e dado; é "graça" (*cháris*). A sua nascente é o amor fontal do Pai pelo Filho no Espírito Santo. É amor que, pelo Filho, desce sobre nós. É amor criador, pelo qual existimos; amor redentor, pelo qual somos recriados. Amor revelado e vivido por Cristo (cf. *Jo* 13,1), é "derramado em nossos corações pelo Espírito Santo" (*Rm* 5,5). Destinatários do amor de Deus, os homens são constituídos sujeitos de caridade, chamados a fazerem-se eles mesmos instrumentos da graça, para difundir a caridade de Deus e tecer redes de caridade.

A esta dinâmica de caridade recebida e dada, propõe-se dar resposta a doutrina social da Igreja.

Tal doutrina é "caritas in veritate in re sociali", ou seja, proclamação da verdade do amor de Cristo na sociedade; é serviço da caridade, mas na verdade. Esta preserva e exprime a força libertadora da caridade nas vicissitudes sempre novas da história. É ao mesmo tempo verdade da fé e da razão, na distinção e, conjuntamente, sinergia destes dois âmbitos cognitivos. O desenvolvimento, o bem-estar social, uma solução adequada dos graves problemas socioeconômicos que afligem a humanidade precisam desta verdade. Mais ainda, necessitam que tal verdade seja amada e testemunhada. Sem verdade, sem confiança e amor pelo que é verdadeiro, não há consciência e responsabilidade social, e a atividade social acaba à mercê de interesses privados e lógicas de poder, com efeitos desagregadores na sociedade, sobretudo numa sociedade em vias de globalização que atravessa momentos difíceis como os atuais.

6. *"Caritas in veritate"* é um princípio à volta do qual gira a doutrina social da Igreja, princípio que ganha forma operativa em critérios orientadores da ação moral. Destes, desejo lembrar dois em particular, requeridos especialmente pelo compromisso em prol do desenvolvimento numa sociedade em vias de globalização: *a justiça e o bem comum.*

Em primeiro lugar, a justiça. *Ubi societas, ibi ius*: cada sociedade elabora um sistema próprio de justiça.

A caridade supera a justiça, porque amar é dar, oferecer ao outro do que é "meu"; mas nunca existe sem a justiça, que induz a dar ao outro o que é "dele", o que lhe pertence em razão do seu ser e do seu agir. Não posso "dar" ao outro do que é meu, sem antes lhe ter dado aquilo que lhe compete por justiça. Quem ama os outros com caridade é, antes de mais nada, justo para com eles. A justiça não só não é alheia à caridade, não só não é um caminho alternativo ou paralelo à caridade, mas é "inseparável da caridade",[1] é-lhe intrínseca. A justiça é o primeiro caminho da caridade ou, como chegou a dizer Paulo VI, "a medida mínima" dela,[2] parte integrante daquele amor "por ações e em verdade" (*1Jo* 3,18) a que nos exorta o apóstolo João. Por um lado, a caridade exige a justiça: o reconhecimento e o respeito dos legítimos direitos dos indivíduos e dos povos. Aquela empenha-se na construção da "cidade do homem" segundo o direito e a justiça. Por outro, a caridade supera a justiça e completa-a com a lógica do dom e do perdão.[3] A "cidade do homem" não se move apenas por relações feitas de direitos e de deveres, mas antes

---

[1] Paulo VI, Carta enc. *Populorum progressio* (26 de março de 1967), 22: *AAS* 59 (1967), 268; cf. Conc. Ecum. Vat. II, Const. past. sobre a Igreja no mundo contemporâneo *Gaudium et spes*, 69.

[2] *Discurso na Jornada do Desenvolvimento* (23 de agosto de 1968): *AAS* 60 (1968), 626-627.

[3] Cf. João Paulo II, *Mensagem para o Dia Mundial da Paz 2002*: *AAS* 94 (2002), 132-140.

e sobretudo por relações de gratuidade, misericórdia e comunhão. A caridade manifesta sempre, mesmo nas relações humanas, o amor de Deus; dá valor teologal e salvífico a todo empenho de justiça no mundo.

7. Depois, é preciso ter em grande consideração o *bem comum*. Amar alguém é querer o seu bem e trabalhar eficazmente pelo mesmo. Ao lado do bem individual, existe um bem ligado à vida social das pessoas: o bem comum. É o bem daquele "nós todos", formado por indivíduos, famílias e grupos intermédios que se unem em comunidade social.[4] Não é um bem procurado por si mesmo, mas para as pessoas que fazem parte da comunidade social e que, só nela, podem realmente e com maior eficácia obter o próprio bem. Querer *o bem comum* e trabalhar por ele é *exigência de justiça e de caridade*. Comprometer-se pelo bem comum é, por um lado, cuidar e, por outro, valer-se daquele conjunto de instituições que estruturam jurídica, civil, política e culturalmente a vida social, que deste modo toma a forma de *pólis*, cidade. Ama-se tanto mais eficazmente o próximo, quanto mais se trabalha em prol de um bem comum que dê resposta também às suas necessidade reais. Todo cristão é chamado a esta caridade, conforme a sua vocação e segundo as possibilidades que tem de incidência na *pólis*. Este é o

---

[4] Cf. Conc. Ecum. Vat. II, Const. past. sobre a Igreja no mundo contemporâneo *Gaudium et spes*, 26.

caminho institucional — podemos mesmo dizer político — da caridade, não menos qualificado e incisivo do que o é a caridade que vai diretamente ao encontro do próximo, fora das mediações institucionais da *pólis*. Quando o empenho pelo bem comum é animado pela caridade, tem uma valência superior à do empenho simplesmente secular e político. Aquele, como todo empenho pela justiça, inscreve-se no testemunho da caridade divina que, agindo no tempo, prepara o eterno. A ação do homem sobre a terra, quando é inspirada e sustentada pela caridade, contribui para a edificação daquela *cidade* universal *de Deus*, que é a meta para onde caminha a história da família humana. Numa sociedade em vias de globalização, o bem comum e o empenho em seu favor não podem deixar de assumir as dimensões da família humana inteira, ou seja, da comunidade dos povos e das nações,[5] para dar forma de unidade e paz à *cidade do homem* e torná-la em certa medida antecipação que prefigura a cidade de Deus sem barreiras.

8. Ao publicar a encíclica *Populorum progressio* em 1967, o meu venerado predecessor Paulo VI iluminou o grande tema do desenvolvimento dos povos com o esplendor da verdade e com a luz suave da caridade de Cristo. Afirmou que o anúncio de Cristo

---

[5] Cf. João XXIII, Carta enc. *Pacem in terris* (11 de abril de 1963): *AAS* 55 (1963), 268-270.

é o primeiro e principal fator de desenvolvimento[6] e deixou-nos a recomendação de caminhar pela estrada do desenvolvimento com todo o nosso coração e com toda a nossa inteligência,[7] ou seja, com o ardor da caridade e a sapiência da verdade. É a verdade originária do amor de Deus — graça a nós concedida — que abre ao dom a nossa vida e torna possível esperar num "desenvolvimento do homem todo e de todos os homens",[8] numa passagem "de condições menos humanas a condições mais humanas",[9] que se obtém vencendo as dificuldades que inevitavelmente se encontram ao longo do caminho.

Passados mais de quarenta anos da publicação da referida encíclica, pretendo prestar homenagem e honrar a memória do grande Pontífice Paulo VI, retomando os seus ensinamentos sobre o *desenvolvimento humano integral* e colocando-me na senda pelos mesmos traçada para os atualizar nos dias que correm. Este processo de atualização teve início com a encíclica *Sollicitudo rei socialis* do Servo de Deus João Paulo II, que desse modo quis comemorar a *Populorum progressio* no vigésimo aniversário da sua publicação. Até então, semelhante comemoração tinha-se reservado

---

[6] Cf. n. 16: *AAS* 59 (1967), 265.

[7] Cf. *ibid.*, 82: *o.c.*, 297.

[8] *Ibid.*, 42: *o.c.*, 278.

[9] *Ibid.*, 20: *o.c.*, 267.

apenas para a *Rerum novarum*. Passados outros vinte anos, exprimo a minha convicção de que a *Populorum progressio* merece ser considerada como "a *Rerum novarum* da época contemporânea", que ilumina o caminho da humanidade em vias de unificação.

9. O amor na verdade — *caritas in veritate* — é um grande desafio para a Igreja num mundo em crescente e incisiva globalização. O risco do nosso tempo é que, à real interdependência dos homens e dos povos, não corresponda a interação ética das consciências e das inteligências, da qual possa resultar um desenvolvimento verdadeiramente humano. Só através da *caridade, iluminada pela luz da razão e da fé*, é possível alcançar objetivos de desenvolvimento dotados de uma valência mais humana e humanizadora. A partilha dos bens e recursos, da qual deriva o autêntico desenvolvimento, não é assegurada pelo simples progresso técnico e por meras relações de conveniência, mas pelo potencial de amor que vence o mal com o bem (cf. *Rm* 12,21) e abre à reciprocidade das consciências e das liberdades.

A Igreja não tem soluções técnicas para oferecer[10] e não pretende "de modo algum imiscuir-se na política

---

[10] Cf. Conc. Ecum. Vat. II, Const. past. sobre a Igreja no mundo contemporâneo *Gaudium et spes*, 36; Paulo VI, Carta ap. *Octogesima adveniens* (14 de maio de 1971), 4: *AAS* 63 (1971), 403-404; João Paulo II, Carta enc. *Centesimus annus* (1º de maio de 1991), 43: *AAS* 83 (1991), 847.

dos Estados";[11] mas tem uma missão ao serviço da verdade para cumprir, em todo tempo e contingência, a favor de uma sociedade à medida do homem, da sua dignidade, da sua vocação. Sem verdade, cai-se numa visão empirista e cética da vida, incapaz de se elevar acima da ação porque não está interessada em identificar os valores — às vezes nem sequer os significados — pelos quais julgá-la e orientá-la. A fidelidade ao homem exige *a fidelidade à verdade*, a única que é *garantia de liberdade* (cf. *Jo* 8,32) *e da possibilidade de um desenvolvimento humano integral.* É por isso que a Igreja a procura, anuncia incansavelmente e reconhece em todo lado onde a mesma se apresente. Para a Igreja, esta missão ao serviço da verdade é irrenunciável. A sua doutrina social é um momento singular deste anúncio: é serviço à verdade que liberta. Aberta à verdade, qualquer que seja o saber donde provenha, a doutrina social da Igreja acolhe-a, compõe numa unidade os fragmentos em que frequentemente a encontra, e serve-lhe de medianeira na vida sempre nova da sociedade dos homens e dos povos.[12]

---

[11] Paulo VI, Carta enc. *Populorum progressio* (26 de março de 1967), 13: *AAS* 59 (1967), 263-264.

[12] Cf. Pont. Conselho "Justiça e Paz", *Compêndio da Doutrina Social da Igreja*, n. 76.

Capítulo I

A MENSAGEM
DA *POPULORUM PROGRESSIO*

10. A releitura da *Populorum progressio*, mais de quarenta anos depois da sua publicação, incita a permanecer fiéis à sua mensagem de caridade e de verdade, considerando-a no âmbito do magistério específico de Paulo VI e, mais em geral, dentro da tradição da doutrina social da Igreja. Depois há que avaliar os termos diferentes em que hoje, diversamente de então, se coloca o problema do desenvolvimento. Por isso, o ponto de vista correto é o da *Tradição da fé apostólica*,[1] patrimônio antigo e novo, fora do qual a *Populorum progressio* seria um documento sem raízes e as questões do desenvolvimento ficariam reduzidas unicamente a dados sociológicos.

11. A publicação da *Populorum progressio* deu--se imediatamente depois da conclusão do Concílio Ecumênico Vaticano II. A própria encíclica sublinha, nos primeiros parágrafos, a sua relação íntima com

---

[1] Cf. Bento XVI, *Discurso na Sessão inaugural dos trabalhos da V Conferência Geral do Episcopado Latino-Americano e do Caribe* (13 de maio de 2007): *Insegnamenti* III/1 (2007), 854-870.

o Concílio.[2] Vinte anos depois, era João Paulo II que destacava, na *Sollicitudo rei socialis*, a fecunda relação daquela encíclica com o Concílio, particularmente com a constituição pastoral *Gaudium et spes*.[3] Desejo, também eu, lembrar aqui a importância que o Concílio Vaticano II teve na encíclica de Paulo VI e em todo o sucessivo magistério social dos Sumos Pontífices. O Concílio aprofundou aquilo que desde sempre pertence à verdade da fé, ou seja, que a Igreja, estando ao serviço de Deus, serve o mundo em termos de amor e verdade. Foi precisamente desta perspectiva que partiu Paulo VI para nos comunicar duas grandes verdades. A primeira é que *a Igreja inteira, em todo o seu ser e agir, quando anuncia, celebra e atua na caridade, tende a promover o desenvolvimento integral do homem.* Ela tem um papel público que não se esgota nas suas atividades de assistência ou de educação, mas revela todas as suas energias ao serviço da promoção do homem e da fraternidade universal quando pode usufruir de um regime de liberdade. Em não poucos casos, tal liberdade vê-se impedida por proibições e perseguições; ou então é limitada, quando a presença pública da Igreja fica reduzida unicamente às suas atividades sociocaritativas. A segunda verdade é que

---

[2] Cf. nn. 3-5: *AAS* 59 (1967), 258-260.

[3] Cf. João Paulo II, Carta enc. *Sollicitudo rei socialis* (30 de dezembro de 1987), 6-7: *AAS* 80 (1988), 517-519.

o autêntico desenvolvimento do homem diz respeito unitariamente à totalidade da pessoa em todas as suas dimensões.[4] Sem a perspectiva de uma vida eterna, o progresso humano neste mundo fica privado de respiro. Fechado dentro da história, está sujeito ao risco de reduzir-se a simples incremento do ter; deste modo, a humanidade perde a coragem de permanecer disponível para os bens mais altos, para as grandes e altruístas iniciativas solicitadas pela caridade universal. O homem não se desenvolve apenas com as suas próprias forças, nem o desenvolvimento é algo que se lhe possa dar simplesmente de fora. Muitas vezes, ao longo da história, pensou-se que era suficiente a criação de instituições para garantir à humanidade a satisfação do direito ao desenvolvimento. Infelizmente foi depositada excessiva confiança em tais instituições, como se estas pudessem conseguir automaticamente o objetivo desejado. Na realidade, as instituições sozinhas não bastam, porque o desenvolvimento humano integral é primariamente vocação e, por conseguinte, exige uma livre e solidária assunção de responsabilidade por parte de todos. Além disso, tal desenvolvimento requer uma visão transcendente da pessoa, tem necessidade de Deus: sem Ele, o desenvolvimento ou é negado ou acaba confiado unicamente às mãos do homem, que cai

---

[4] Cf. Paulo VI, Carta enc. *Populorum progressio* (26 de março de 1967), 14: *AAS* 59 (1967), 264.

na presunção da autossalvação e acaba por fomentar um desenvolvimento desumanizado. Aliás, só o encontro com Deus permite deixar de "ver no outro sempre e apenas o outro",[5] para reconhecer nele a imagem divina, chegando assim a descobrir verdadeiramente o outro e a maturar um amor que "se torna cuidado do outro e pelo outro".[6]

12. A ligação entre a *Populorum progressio* e o Concílio Vaticano II não representa um corte entre o magistério social de Paulo VI e o dos Pontífices seus predecessores, visto que o Concílio constitui um aprofundamento de tal magistério na continuidade da vida da Igreja.[7] Neste sentido, não ajudam à clareza certas subdivisões abstratas da doutrina social da Igreja, que aplicam ao ensinamento social pontifício categorias que lhe são alheias. Não existem duas tipologias de doutrina social — uma pré-conciliar e outra pós-conciliar —, diversas entre si, mas um *único ensinamento, coerente e simultaneamente sempre novo*.[8] É justo evidenciar a peculiaridade de uma ou outra encíclica, do ensinamento deste ou daquele Pontífice, mas sem

---

[5] Bento XVI, Carta enc. *Deus caritas est* (25 de dezembro de 2005), 18: *AAS* 98 (2006), 232.

[6] *Ibid.*, 6: *o.c.*, 222.

[7] Cf. Bento XVI, *Discurso à Cúria Romana durante a apresentação de votos natalícios* (22 de dezembro de 2005): *Insegnamenti* I (2005), 1023-1032.

[8] Cf. João Paulo II, Carta enc. *Sollicitudo rei socialis* (30 de dezembro de 1987), 3: *AAS* 80 (1988), 515.

jamais perder de vista a coerência do *corpus* doutrinal inteiro.[9] Coerência não significa reclusão num sistema, mas sobretudo fidelidade dinâmica a uma luz recebida. A doutrina social da Igreja ilumina, com uma luz imutável, os problemas novos que vão aparecendo.[10] Isto salvaguarda o caráter quer permanente quer histórico deste "patrimônio" doutrinal,[11] o qual, com as suas características específicas, faz parte da Tradição sempre viva da Igreja.[12] A doutrina social está construída sobre o fundamento que foi transmitido pelos Apóstolos aos Padres da Igreja e, depois, acolhido e aprofundado pelos grandes Doutores cristãos. Tal doutrina remonta, em última análise, ao Homem novo, ao "último Adão que se tornou espírito vivificante" (*1Cor* 15,45) e é princípio da caridade que "nunca acabará" (*1Cor* 13,8). É testemunhada pelos Santos e por quantos deram a vida por Cristo Salvador no campo da justiça e da paz. Nela se exprime a missão profética que têm os Sumos Pontífices de guiar apostolicamente a Igreja de Cristo e discernir as novas exigências da evangelização. Por estas razões, a *Populorum progressio*, inserida na grande corrente da Tradição, é capaz de falar ainda a nós hoje.

---

[9] Cf. *ibid.*, 1: *o.c.*, 513-514.

[10] Cf. *ibid.*, 3: *o.c.*, 515.

[11] Cf. João Paulo II, Carta enc. *Laborem exercens* (14 de setembro de 1981), 3: *AAS* 73 (1981), 583-584.

[12] Cf. João Paulo II, Carta enc. *Centesimus annus* (1º de maio de 1991), 3: *AAS* 83 (1991), 794-796.

13. Além da sua importante ligação com toda a doutrina social da Igreja, a *Populorum progressio está intimamente conexa com o magistério global de Paulo VI* e, de modo particular, com o seu magistério social. De grande relevo foi, sem dúvida, o seu ensinamento social: reafirmou a exigência imprescindível do Evangelho para a construção da sociedade segundo liberdade e justiça, na perspectiva ideal e histórica de uma civilização animada pelo amor. Paulo VI compreendeu claramente como se tinha tornado mundial a questão social[13] e viu a correlação entre o impulso à unificação da humanidade e o ideal cristão de uma única família dos povos, solidária na fraternidade comum. *Indicou o desenvolvimento, humana e cristãmente entendido, como o coração da mensagem social cristã* e propôs a caridade cristã como principal força ao serviço do desenvolvimento. Movido pelo desejo de tornar o amor de Cristo plenamente visível ao homem contemporâneo, Paulo VI enfrentou com firmeza importantes questões éticas, sem ceder às debilidades culturais do seu tempo.

14. Depois, com a carta apostólica *Octogesima adveniens* de 1971, Paulo VI tratou o tema do sentido da política e do *perigo de visões utópicas e ideológicas* que prejudicavam a sua qualidade ética e humana. São argumentos estritamente relacionados com o de-

---

[13] Cf. Carta enc. *Populorum progressio* (26 de março de 1967), 3: *AAS* 59 (1967), 258.

senvolvimento. Infelizmente as ideologias negativas florescem continuamente. Contra a ideologia tecnocrática, hoje particularmente radicada, já Paulo VI tinha alertado,[14] ciente do grande perigo que era confiar todo o processo do desenvolvimento unicamente à técnica, porque assim ficaria sem orientação. A técnica, em si mesma, é ambivalente. Se, por um lado, há hoje quem seja propenso a confiar-lhe inteiramente tal processo de desenvolvimento, por outro, assiste-se à investida de ideologias que negam *in toto* a própria utilidade do desenvolvimento, considerado radicalmente anti-humano e portador somente de degradação. Mas, deste modo, acaba-se por condenar não apenas a maneira errada e injusta como por vezes os homens orientam o progresso, mas também as descobertas científicas que entretanto, se bem usadas, constituem uma oportunidade de crescimento para todos. A ideia de um mundo sem desenvolvimento exprime falta de confiança no homem e em Deus. Por conseguinte, é um grave erro desprezar as capacidades humanas de controlar os extravios do desenvolvimento ou mesmo ignorar que o homem está constitutivamente inclinado para "ser mais". Absolutizar ideologicamente o progresso técnico ou então afagar a utopia de uma humanidade reconduzida ao estado originário da natureza são dois modos opostos de separar o progresso da sua apreciação moral e, consequentemente, da nossa responsabilidade.

---

[14] Cf. *ibid.*, 34: *o.c.*, 274.

15. Outros dois documentos de Paulo VI, embora não estritamente ligados com a doutrina social — a encíclica *Humanæ vitæ*, de 25 de julho de 1968, e a exortação apostólica *Evangelium nuntiandi*, de 8 de dezembro de 1975 —, são muito importantes para delinear o *sentido plenamente humano do desenvolvimento proposto pela Igreja*. Por isso é oportuno ler também estes textos em relação com a *Populorum progressio*.

A encíclica *Humanæ vitæ* sublinha o significado conjuntamente unitivo e procriativo da sexualidade, pondo assim como fundamento da sociedade o casal de esposos, homem e mulher, que se acolhem reciprocamente na distinção e na complementaridade; um casal, portanto, aberto à vida.[15] Não se trata de uma moral meramente individual: a *Humanæ vitæ* indica os *fortes laços existentes entre ética da vida e ética social*, inaugurando uma temática do Magistério que aos poucos foi tomando corpo em vários documentos, sendo o mais recente a encíclica *Evangelium vitæ* de João Paulo II.[16] A Igreja propõe, com vigor, esta ligação entre ética da vida e ética social, ciente de que não pode "ter sólidas bases uma sociedade que afirma valores como a dignidade da pessoa, a justiça e a paz,

---

[15] Cf. nn. 8-9: *AAS* 60 (1968), 485-487; Bento XVI, *Discurso aos participantes no Congresso Internacional organizado no 40º aniversário da "Humanæ vitæ"* (10 de maio de 2008): *Insegnamenti* IV/1 (2008), 753-756.

[16] Cf. Carta enc. *Evangelium vitæ* (25 de março de 1995), 93: *AAS* 87 (1995), 507-508.

mas contradiz-se radicalmente aceitando e tolerando as mais diversas formas de desprezo e violação da vida humana, sobretudo se débil e marginalizada".[17]

Por sua vez, a exortação apostólica *Evangelium nuntiandi* tem uma relação muito forte com o desenvolvimento, visto que "a evangelização — escrevia Paulo VI — não seria completa se não tomasse em consideração a interpelação recíproca que se fazem constantemente o Evangelho e a vida concreta, pessoal e social do homem".[18] "Entre evangelização e promoção humana — desenvolvimento, libertação — existem de fato laços profundos":[19] partindo desta certeza, Paulo VI ilustrava claramente a relação entre o anúncio de Cristo e a promoção da pessoa na sociedade. *O testemunho da caridade de Cristo através de obras de justiça, paz e desenvolvimento faz parte da evangelização*, pois a Jesus Cristo, que nos ama, interessa o homem inteiro. Sobre estes importantes ensinamentos, está fundado o aspecto missionário[20] da doutrina social da Igreja como elemento essencial de evangelização.[21] A doutrina social da Igreja é anúncio e testemunho de

---

[17] *Ibid.*, 101: *o.c.*, 516-518.

[18] N. 29: *AAS* 68 (1976), 25.

[19] *Ibid.*, 31: *o.c.*, 26.

[20] Cf. João Paulo II, Carta enc. *Sollicitudo rei socialis* (30 de dezembro de 1987), 41: *AAS* 80 (1988), 570-572.

[21] Cf. *ibid.*, 41: *o.c.*, 570-572; Carta enc. *Centesimus annus* (1º de maio de 1991), 5.54: *AAS* 83 (1991), 799.859-860.

fé; é instrumento e lugar imprescindível de educação para a mesma.

16. Na *Populorum progressio*, Paulo VI quis dizer-nos, antes de mais nada, que o progresso é, na sua origem e na sua essência, uma *vocação*: "Nos desígnios de Deus, cada homem é chamado a desenvolver-se, porque toda vida é vocação".[22] É precisamente este fato que legitima a intervenção da Igreja nas problemáticas do desenvolvimento. Se este tocasse apenas aspectos técnicos da vida do homem, e não o sentido do seu caminhar na história juntamente com seus irmãos, nem a individuação da meta de tal caminho, a Igreja não teria título para falar. Mas Paulo VI, como antes dele Leão XIII na *Rerum novarum*,[23] estava consciente de cumprir um dever próprio do seu serviço quando iluminava com a luz do Evangelho as questões sociais do seu tempo.[24]

Dizer que o *desenvolvimento é vocação* equivale a reconhecer, por um lado, que o mesmo nasce de um apelo transcendente e, por outro, que é incapaz por si mesmo de atribuir-se o próprio significado último. Não é sem motivo que a palavra "vocação" volta a aparecer

---

[22] N. 15: *AAS* 59 (1967), 265.

[23] Cf. *ibid.*, 2: *o.c.*, 481-482; Leão XIII, Carta enc. *Rerum novarum* (15 de maio de 1891): *Leonis XIII P. M. Acta*, XI (1892), 97-144; João Paulo II, Carta enc. *Sollicitudo rei socialis* (30 de dezembro de 1987), 8: *AAS* 80 (1988), 519-520; Carta enc. *Centesimus annus* (1º de maio de 1991), 5: *AAS* 83 (1991), 799.

[24] Cf. Carta enc. *Populorum progressio* (26 de março de 1967), 2.13: *AAS* 59 (1967), 258.263-264.

noutra passagem da encíclica, onde se afirma: "Não há, portanto, verdadeiro humanismo senão o aberto ao Absoluto, reconhecendo uma vocação que exprime a ideia exata do que é a vida humana".[25] Esta visão do desenvolvimento é o coração da *Populorum progressio* e motiva todas as reflexões de Paulo VI sobre a liberdade, a verdade e a caridade no desenvolvimento. É também a razão principal por que tal encíclica ainda aparece atual nos nossos dias.

17. A vocação é um apelo que exige resposta livre e responsável. O *desenvolvimento humano integral supõe a liberdade responsável* da pessoa e dos povos: nenhuma estrutura pode garantir tal desenvolvimento, prescindindo e sobrepondo-se à responsabilidade humana. Os "messianismos fascinantes mas construtores de ilusões"[26] fundam sempre as próprias propostas na negação da dimensão transcendente do desenvolvimento, seguros de o terem inteiramente à sua disposição. Esta falsa segurança converte-se em fraqueza, porque implica a sujeição do homem, reduzido à categoria de meio para o desenvolvimento, enquanto a humildade de quem acolhe uma vocação se transforma em verdadeira autonomia, porque torna a pessoa livre. Paulo VI não tem dúvidas sobre a existência de obstáculos e condicionamentos que refreiam o desenvolvimento, mas está

---

[25] *Ibid.*, 42: *o.c.*, 278.

[26] *Ibid.*, 11: *o.c.*, 262; cf. João Paulo II, Carta enc. *Centesimus annus* (1º de maio de 1991), 25: *AAS* 83 (1991), 822-824.

seguro também de que "cada um, sejam quais forem as influências que sobre ele se exerçam, permanece o artífice principal do seu êxito ou do seu fracasso".[27] Esta liberdade diz respeito não só ao desenvolvimento que usufruímos, mas também às situações de subdesenvolvimento, que não são fruto do acaso nem de uma necessidade histórica, mas dependem da responsabilidade humana. É por isso que "os povos da fome se dirigem hoje, de modo dramático, aos povos da opulência".[28] Também isto é vocação, um apelo que homens livres dirigem a homens livres em ordem a uma assunção comum de responsabilidade. Viva era, em Paulo VI, a percepção da importância das estruturas econômicas e das instituições, mas era igualmente clara nele a noção da sua natureza de instrumentos da liberdade humana. Somente se for livre é que o desenvolvimento pode ser integralmente humano; apenas num regime de liberdade responsável, pode crescer de maneira adequada.

18. Além de requerer a liberdade, o *desenvolvimento humano integral enquanto vocação exige também que se respeite a sua verdade*. A vocação ao progresso impele os homens a "realizar, conhecer e possuir mais, para ser mais".[29] Mas aqui levanta-se o problema: que significa "ser mais"? A tal pergunta responde Paulo VI indicando a característica essencial

---

[27] Carta enc. *Populorum progressio* (26 de março de 1967), 15: *AAS* 59 (1967), 265.

[28] *Ibid.*, 3: *o.c.*, 258.

[29] *Ibid.*, 6: *o.c.*, 260.

do "desenvolvimento autêntico": este "deve ser integral, quer dizer, promover todos os homens e o homem todo".[30] Na concorrência entre as várias concepções do homem, presentes na sociedade atual ainda mais intensamente do que na de Paulo VI, a visão cristã tem a peculiaridade de afirmar e justificar o valor incondicional da pessoa humana e o sentido do seu crescimento. A vocação cristã ao desenvolvimento ajuda a empenhar-se na promoção de todos os homens e do homem todo. Escrevia Paulo VI: "O que conta para nós é o homem, cada homem, cada grupo de homens, até se chegar à humanidade inteira".[31] A fé cristã ocupa-se do desenvolvimento sem olhar a privilégios nem posições de poder nem mesmo aos méritos dos cristãos — que sem dúvida existiram e existem, a par de naturais limitações[32] —, mas contando apenas com Cristo, a quem há de fazer referência toda a autêntica vocação ao desenvolvimento humano integral. *O Evangelho é elemento fundamental do desenvolvimento*, porque lá Cristo, com "a própria revelação do mistério do Pai e do seu amor, revela o homem a si mesmo".[33] Instruída pelo seu Senhor, a Igreja perscruta os sinais dos

---

[30] *Ibid.*, 14: *o.c.*, 264.

[31] *Ibid.*, 14: *o.c.*, 264; cf. João Paulo II, Carta enc. *Centesimus annus* (1º de maio de 1991), 53-62: *AAS* 83 (1991), 859-867; Carta enc. *Redemptor hominis* (4 de março de 1979), 13-14: *AAS* 71 (1979), 282-286.

[32] Cf. Paulo VI, Carta enc. *Populorum progressio* (26 de março de 1967), 12: *AAS* 59 (1967), 262-263.

[33] Conc. Ecum. Vat. II, Const. past. sobre a Igreja no mundo contemporâneo *Gaudium et spes*, 22.

tempos e interpreta-os, oferecendo ao mundo "o que possui como próprio: uma visão global do homem e da humanidade".[34] Precisamente porque Deus pronuncia o maior "sim" ao homem,[35] este não pode deixar de se abrir à vocação divina para realizar o próprio desenvolvimento. A verdade do desenvolvimento consiste na sua integralidade: se não é desenvolvimento do homem todo e de todo o homem, não é verdadeiro desenvolvimento. Esta é a mensagem central da *Populorum progressio*, válida hoje e sempre. O desenvolvimento humano integral no plano natural, enquanto resposta a uma vocação de Deus criador,[36] procura a própria autenticação num "humanismo transcendente, que leva [o homem] a atingir a sua maior plenitude: tal é a finalidade suprema do desenvolvimento pessoal".[37] Portanto, a vocação cristã a tal desenvolvimento compreende tanto o plano natural como o plano sobrenatural, motivo por que, "quando Deus fica eclipsado, começa a esmorecer a nossa capacidade de reconhecer a ordem natural, o fim e o 'bem'".[38]

---

[34] Paulo VI, Carta enc. *Populorum progressio* (26 de março de 1967), 13: *AAS* 59 (1967), 263-264.

[35] Cf. Bento XVI, *Discurso aos participantes no IV Congresso Eclesial Nacional da Igreja que está na Itália* (19 de outubro de 2006): *Insegnamenti* II/2 (2006), 465-477.

[36] Cf. Paulo VI, Carta enc. *Populorum progressio* (26 de março de 1967), 16: *AAS* 59 (1967), 265.

[37] *Ibid.*, 16: *o.c.*, 265.

[38] Bento XVI, *Discurso aos jovens no cais de Barangaroo* (17 de julho de 2008): *L'Osservatore Romano* (ed. portuguesa de 19/VII/2008), 4.

19. Finalmente, a concepção do desenvolvimento como vocação inclui *nele a centralidade da caridade*. Paulo VI observava, na encíclica *Populorum progressio*, que as causas do subdesenvolvimento não são primariamente de ordem material, convidando-nos a procurá-las noutras dimensões do homem. Em primeiro lugar, na vontade, que muitas vezes descuida os deveres da solidariedade. Em segundo, no pensamento, que nem sempre sabe orientar convenientemente o querer; por isso, para a prossecução do desenvolvimento, servem "pensadores capazes de reflexão profunda, em busca de um humanismo novo, que permita ao homem moderno o encontro de si mesmo".[39] E não é tudo; o subdesenvolvimento tem uma causa ainda mais importante do que a carência de pensamento: é "a falta de fraternidade entre os homens e entre os povos".[40] Esta fraternidade poderá um dia ser obtida pelos homens simplesmente com as suas forças? A sociedade cada vez mais globalizada torna-nos vizinhos, mas não nos faz irmãos. A razão, por si só, é capaz de ver a igualdade entre os homens e estabelecer uma convivência cívica entre eles, mas não consegue fundar a fraternidade. Esta tem origem numa vocação transcendente de Deus Pai, que nos amou primeiro, ensinando-nos por meio do Filho o que é a caridade fraterna. Ao apresentar

---

[39] Paulo VI, Carta enc. *Populorum progressio* (26 de março de 1967), 20: *AAS* 59 (1967), 267.

[40] *Ibid.*, 66: *o.c.*, 289-290.

os vários níveis do processo de desenvolvimento do homem, Paulo VI colocava no vértice, depois de ter mencionado a fé, "a unidade na caridade de Cristo que nos chama a todos a participar como filhos na vida do Deus vivo, Pai de todos os homens".[41]

20. Abertas pela *Populorum progressio*, estas perspectivas permanecem fundamentais para dar amplitude e orientação ao nosso compromisso a favor do desenvolvimento dos povos. E a *Populorum progressio* sublinha repetidamente a *urgência das reformas*,[42] pedindo para que, à vista dos grandes problemas da injustiça no desenvolvimento dos povos, se atue com coragem e sem demora. Esta *urgência é ditada também pela caridade na verdade*. É a caridade de Cristo que nos impele: *"Caritas Christi urget nos"* (*2Cor* 5,14). A urgência não está inscrita só nas coisas, não deriva apenas do encalçar dos acontecimentos e dos problemas, mas também do que está em jogo: a realização de uma autêntica fraternidade. A relevância deste objetivo é tal que exige a nossa disponibilidade para o compreendermos profundamente e mobilizarmo-nos concretamente, com o "coração", a fim de fazer avançar os atuais processos econômicos e sociais para metas plenamente humanas.

---

[41] *Ibid.*, 21: *o.c.*, 267-268.
[42] Cf. nn. 3.29.32: *o.c.,* 258.272.273.

Capítulo II

O DESENVOLVIMENTO HUMANO NO NOSSO TEMPO

21. Paulo VI tinha uma *visão articulada do desenvolvimento*. Com o termo "desenvolvimento", queria indicar, antes de mais nada, o objetivo de fazer sair os povos da fome, da miséria, das doenças endêmicas e do analfabetismo. Isto significava, do ponto de vista econômico, a sua participação ativa e em condições de igualdade no processo econômico internacional; do ponto de vista social, a sua evolução para sociedades instruídas e solidárias; do ponto de vista político, a consolidação de regimes democráticos capazes de assegurar a liberdade e a paz. Depois de tantos anos e enquanto contemplamos, preocupados, as evoluções e as perspectivas das crises que foram sucedendo neste período, *interrogamo-nos até que ponto as expectativas de Paulo VI tenham sido satisfeitas* pelo modelo de desenvolvimento que foi adotado nos últimos decênios. E reconhecemos que eram fundadas as preocupações da Igreja acerca das capacidades do homem meramente tecnológico conseguir impor-se objetivos realistas e

saber gerir, sempre adequadamente, os instrumentos à sua disposição. O lucro é útil se, como meio, for orientado para um fim que lhe indique o sentido e o modo como o produzir e utilizar. O objetivo exclusivo de lucro, quando mal produzido e sem ter como fim último o bem comum, arrisca-se a destruir riqueza e criar pobreza. O desenvolvimento econômico desejado por Paulo VI devia ser capaz de produzir um crescimento real, extensivo a todos e concretamente sustentável. É verdade que o desenvolvimento foi e continua a ser um fator positivo, que tirou da miséria milhões de pessoas e, ultimamente, deu a muitos países a possibilidade de se tornarem atores eficazes da política internacional. Todavia há que reconhecer que o próprio desenvolvimento econômico foi e continua a ser molestado *por anomalias e problemas dramáticos*, evidenciados ainda mais pela atual situação de crise. Esta coloca-nos improrrogavelmente diante de opções que dizem respeito sempre mais ao próprio destino do homem, o qual aliás não pode prescindir da sua natureza. As forças técnicas em campo, as inter-relações a nível mundial, os efeitos deletérios sobre a economia real de uma atividade financeira mal utilizada e majoritariamente especulativa, os imponentes fluxos migratórios, com frequência provocados e depois não geridos adequadamente, a exploração desregrada dos recursos da terra, induzem-nos hoje a refletir sobre as medidas necessárias para dar solução a problemas que são não apenas novos relativamente aos enfrentados pelo Papa Paulo VI, mas também e sobretudo com impacto decisivo no bem presente e futuro da humanidade. Os aspectos da crise e das suas soluções bem como de um possível novo desenvolvimento futuro estão cada vez mais interdependentes, implicam-se reciprocamente, requerem novos esforços de enquadramento global e uma *nova síntese humanista*. A complexidade e gravidade da situação econômica atual preocupa-nos, com toda justiça, mas devemos assumir com realismo, confiança e esperança as novas responsabilidades a que nos chama o cenário de um mundo que tem necessidade de uma renovação cultural profunda e da redescoberta de valores fundamentais para construir sobre eles um futuro melhor. A crise obriga-nos a projetar de novo o nosso caminho, a impor-nos regras novas e encontrar novas formas de empenhamento, a apostar em experiências positivas e rejeitar as negativas. Assim, a crise torna-se *ocasião de discernimento e elaboração de nova planificação*. Com esta chave, feita mais de confiança que resignação, convém enfrentar as dificuldades da hora atual.

22. Atualmente o quadro do desenvolvimento é *policêntrico*. Os atores e as causas tanto do subdesenvolvimento como do desenvolvimento são múltiplos, as culpas e os méritos são diferenciados. Este

dado deveria induzir a libertar-se das ideologias que simplificam, de forma frequentemente artificiosa, a realidade, e levar a examinar com objetividade a espessura humana dos problemas. Hoje a linha de demarcação entre países ricos e pobres já não é tão nítida como nos tempos da *Populorum progressio*, como aliás foi assinalado por João Paulo II.[1] *Cresce a riqueza mundial em termos absolutos, mas aumentam as desigualdades.* Nos países ricos, novas categorias sociais empobrecem e nascem novas pobrezas. Em áreas mais pobres, alguns grupos gozam de uma espécie de superdesenvolvimento dissipador e consumista que contrasta, de modo inadmissível, com perduráveis situações de miséria desumanizadora. Continua "o escândalo de desproporções revoltantes".[2] Infelizmente a corrupção e a ilegalidade estão presentes tanto no comportamento de sujeitos econômicos e políticos dos países ricos, antigos e novos, como nos próprios países pobres. No número de quantos não respeitam os direitos humanos dos trabalhadores, contam-se às vezes grandes empresas transnacionais e também grupos de produção local. As ajudas internacionais foram muitas vezes desviadas das suas finalidades, por irresponsabilidades que se escondem tanto na ca-

---

[1] Cf. Carta enc. *Sollicitudo rei socialis* (30 de dezembro de 1987), 28: *AAS* 80 (1988), 548-550.

[2] Paulo VI, Carta enc. *Populorum progressio* (26 de março de 1967), 9: *AAS* 59 (1967), 261-262.

deia dos sujeitos doadores como na dos beneficiários. Também no âmbito das causas imateriais ou culturais do desenvolvimento e do subdesenvolvimento podemos encontrar a mesma articulação de responsabilidades: existem formas excessivas de proteção do conhecimento por parte dos países ricos, através de uma utilização demasiado rígida do direito de propriedade intelectual, especialmente no campo sanitário; ao mesmo tempo, em alguns países pobres, persistem modelos culturais e normas sociais de comportamento que retardam o processo de desenvolvimento.

23. Temos hoje muitas áreas do globo que — de forma por vezes problemática e não homogênea — evoluíram, entrando na categoria das grandes potências destinadas a desempenhar um papel importante no futuro. Contudo há que sublinhar que *não é suficiente progredir do ponto de vista econômico e tecnológico*; é preciso que o desenvolvimento seja, antes de mais nada, verdadeiro e integral. A saída do atraso econômico — um dado em si mesmo positivo — não resolve a complexa problemática da promoção do homem nem nos países protagonistas de tais avanços, nem nos países economicamente já desenvolvidos, nem nos países ainda pobres que, além das antigas formas de exploração, podem vir a sofrer também as consequências negativas derivadas de um crescimento marcado por desvios e desequilíbrios.

Depois da queda dos sistemas econômicos e políticos dos países comunistas da Europa Oriental e do fim dos chamados "blocos contrapostos", havia necessidade de uma revisão global do desenvolvimento. Pedira-o João Paulo II, que em 1987 tinha indicado a existência destes "blocos" como uma das principais causas do subdesenvolvimento,[3] enquanto a política subtraía recursos à economia e à cultura e a ideologia inibia a liberdade. Em 1991, na sequência dos acontecimentos do ano 1989, o Pontífice pediu que o fim dos "blocos" fosse seguido por uma nova planificação global do desenvolvimento, não só em tais países, mas também no Ocidente e nas regiões do mundo que estavam a evoluir.[4] Isto, porém, realizou-se apenas parcialmente, continuando a ser uma obrigação real que precisa ser satisfeita, talvez aproveitando-se precisamente das opções necessárias para superar os problemas econômicos atuais.

24. O mundo que Paulo VI tinha diante dos olhos registrava muito menor integração do que hoje, embora o processo de sociabilização se apresentasse já tão adiantado que ele pôde falar de uma questão social tornada mundial. Atividade econômica e função

---

[3] Cf. Carta enc. *Sollicitudo rei socialis* (30 de dezembro de 1987), 20: *AAS* 80 (1988), 536-537.

[4] Cf. Carta enc. *Centesimus annus* (1º de maio de 1991), 22-29: *AAS* 83 (1991), 819-830.

política desenrolavam-se em grande parte dentro do mesmo âmbito local e, por conseguinte, podiam inspirar recíproca confiança. A atividade produtiva tinha lugar prevalentemente dentro das fronteiras nacionais e os investimentos financeiros tinham uma circulação bastante limitada para o estrangeiro, de tal modo que a política de muitos Estados podia ainda fixar as prioridades da economia e, de alguma maneira, governar o seu andamento com os instrumentos de que ainda dispunha. Por este motivo, a *Populorum progressio* atribuía um papel central, embora não exclusivo, aos "poderes públicos".[5]

Atualmente, o Estado encontra-se na situação de ter de enfrentar as limitações que lhe são impostas à sua soberania pelo novo contexto econômico comercial e financeiro internacional, caracterizado nomeadamente por uma crescente mobilidade dos capitais financeiros e dos meios de produção materiais e imateriais. Este novo contexto alterou o poder político dos Estados.

Hoje, aproveitando inclusivamente a lição resultante da crise econômica em curso que vê os *poderes públicos* do Estado diretamente empenhados a corrigir erros e disfunções, parece mais realista uma *renovada avaliação do seu papel* e poder, que hão de ser sapientemente reconsiderados e reavaliados para se tornarem

---

[5] Cf. nn. 23.33: *AAS* 59 (1967), 268-269.273-274.

capazes, mesmo através de novas modalidades de exercício, de fazer frente aos desafios do mundo atual. Com uma função mais bem calibrada dos poderes públicos, é previsível que sejam reforçadas as novas formas de participação na política nacional e internacional que se realizam através da ação das organizações operantes na sociedade civil; nesta linha, é desejável que cresçam uma atenção e uma participação mais sentidas na *res publica* por parte dos cidadãos.

25. Do ponto de vista social, os sistemas de segurança e previdência — já presentes em muitos países nos tempos de Paulo VI — sentem dificuldade, e poderão senti-la ainda mais no futuro, em alcançar os seus objetivos de verdadeira justiça social dentro de um quadro de forças profundamente alterado. O mercado, à medida que se foi tornando global, estimulou, antes de mais nada, por parte de países ricos, a busca de áreas para onde deslocar as atividades produtivas a baixo custo a fim de reduzir os preços de muitos bens, aumentar o poder de compra e deste modo acelerar o índice de desenvolvimento centrado sobre um maior consumo pelo próprio mercado interno. Consequentemente, o mercado motivou novas formas de competição entre Estados procurando atrair centros produtivos de empresas estrangeiras através de variados instrumentos tais como impostos favoráveis e a desregulamentação do mundo do trabalho. Estes processos implicaram a

redução das redes de segurança social em troca de maiores vantagens competitivas no mercado global, acarretando grave perigo para os direitos dos trabalhadores, os direitos fundamentais do homem e a solidariedade atuada nas formas tradicionais do Estado social. Os sistemas de segurança social podem perder a capacidade de desempenhar a sua função, quer nos países emergentes, quer nos desenvolvidos há mais tempo, quer naturalmente nos países pobres. Aqui, as políticas relativas ao orçamento com os seus cortes na despesa social, muitas vezes fomentados pelas próprias instituições financeiras internacionais, podem deixar os cidadãos impotentes diante de riscos antigos e novos; e tal impotência torna-se ainda maior devido à falta de proteção eficaz por parte das associações dos trabalhadores. O conjunto das mudanças sociais e econômicas faz com que as *organizações sindicais* sintam maiores dificuldades no desempenho do seu dever de representar os interesses dos trabalhadores, inclusive pelo fato de os governos, por razões de utilidade econômica, muitas vezes limitarem as liberdades sindicais ou a capacidade negociadora dos próprios sindicatos. Assim, as redes tradicionais de solidariedade encontram obstáculos cada vez maiores a superar. Por isso, o convite feito pela doutrina social da Igreja, a começar da *Rerum novarum*,[6] para se criarem associações de

---

[6] Cf. *Leonis XIII P. M. Acta*, XI (1892), 135.

trabalhadores em defesa dos seus direitos há de ser honrado, hoje ainda mais do que ontem, dando antes de mais nada uma resposta pronta e clarividente à urgência de instaurar novas sinergias a nível internacional, sem descurar o nível local.

A *mobilidade laboral*, associada à generalizada desregulamentação, constituiu um fenômeno importante, não desprovido de aspectos positivos porque capaz de estimular a produção de nova riqueza e o intercâmbio entre culturas diversas. Todavia, quando se torna endêmica a incerteza sobre as condições de trabalho, resultante dos processos de mobilidade e desregulamentação, geram-se formas de instabilidade psicológica, com dificuldade para construir percursos coerentes na própria vida, incluindo o percurso rumo ao matrimônio. Consequência disto é o aparecimento de situações de degradação humana, além de desperdício de força social. Comparado com o que sucedia na sociedade industrial do passado, hoje o desemprego provoca aspectos novos de irrelevância econômica do indivíduo, e a crise atual pode apenas piorar tal situação. A exclusão do trabalho por muito tempo ou então uma prolongada dependência da assistência pública ou privada corroem a liberdade e a criatividade da pessoa e as suas relações familiares e sociais, causando enormes sofrimentos a nível psicológico e espiritual. Queria recordar a todos, sobretudo aos governantes que estão empenhados a dar um perfil renovado aos sistemas econômicos e sociais do mundo, que o *primeiro capital a preservar e valorizar é o homem, a pessoa, na sua integridade*: "Com efeito, o homem é o protagonista, o centro e o fim de toda a vida econômico-social".[7]

26. No plano cultural, as diferenças, relativamente aos tempos de Paulo VI, são ainda mais acentuadas. Então, as culturas apresentavam-se bastante bem definidas e tinham maiores possibilidades para se defender das tentativas de homogeneização cultural. Hoje, cresceram notavelmente as possibilidades de *interação das culturas*, dando espaço a novas perspectivas de diálogo intercultural; um diálogo que, para ser eficaz, deve ter como ponto de partida uma profunda noção da específica identidade dos vários interlocutores. No entanto, não se deve descurar o fato de que esta aumentada transação de intercâmbios culturais traz consigo, atualmente, um duplo perigo. Em primeiro lugar, nota-se um *ecletismo cultural* assumido muitas vezes sem discernimento: as culturas são simplesmente postas lado a lado e vistas como substancialmente equivalentes e intercambiáveis umas com as outras. Isto favorece a cedência a um relativismo que não ajuda ao verdadeiro diálogo intercultural; no plano social, o relativismo cultural faz com que os grupos culturais

---

[7] Conc. Ecum. Vat. II, Const. past. sobre a Igreja no mundo contemporâneo *Gaudium et spes*, 63.

se juntem ou convivam, mas separados, sem autêntico diálogo e, consequentemente, sem verdadeira integração. Depois, temos o perigo oposto que é constituído pelo *nivelamento cultural* e a homogeneização dos comportamentos e estilos de vida. Assim perde-se o significado profundo da cultura das diversas nações, das tradições dos vários povos, no âmbito das quais a pessoa se confronta com as questões fundamentais da existência.[8] Ecletismo e nivelamento cultural convergem no fato de separar a cultura da natureza humana. Assim, as culturas deixam de saber encontrar a sua medida numa natureza que as transcende,[9] acabando por reduzir o homem a simples dado cultural. Quando isto acontece, a humanidade corre novos perigos de servidão e manipulação.

27. Em muitos países pobres, continua — com risco de aumentar — uma insegurança extrema de vida, que deriva da carência de alimentação: *a fome* ceifa ainda inúmeras vítimas entre os muitos Lázaros, a quem não é permitido — como esperara Paulo VI — sentar-se à mesa do rico avarento.[10] *Dar de comer*

---

[8] Cf. João Paulo II, Carta enc. *Centesimus annus* (1º de maio de 1991), 24: *AAS* 83 (1991), 821-822.

[9] Cf. João Paulo II, Carta enc. *Veritatis splendor* (6 de agosto de 1993), 33.46.51: *AAS* 85 (1993), 1160.1169-1171.1174-1175; *Discurso à Assembleia Geral das Nações Unidas na comemoração do cinquentenário de fundação* (5 de outubro de 1995), 3: *Insegnamenti* XVIII/2 (1995), 732-733.

[10] Cf. Carta enc. *Populorum progressio* (26 de março de 1967), 47: *AAS* 59

aos famintos (cf. *Mt* 25,35.37.42) é um imperativo ético para toda a Igreja, que é resposta aos ensinamentos de solidariedade e partilha do seu Fundador, o Senhor Jesus. Além disso, eliminar a fome no mundo tornou-se, na era da globalização, também um objetivo a alcançar para preservar a paz e a subsistência da terra. A fome não depende tanto de uma escassez material, como sobretudo da escassez de recursos sociais, o mais importante dos quais é de natureza institucional; isto é, falta um sistema de instituições econômicas que seja capaz de garantir um acesso regular e adequado, do ponto de vista nutricional, à alimentação e à água e também de enfrentar as carências relacionadas com as necessidades primárias e com a emergência de reais e verdadeiras crises alimentares provocadas por causas naturais ou pela irresponsabilidade política nacional e internacional. O problema da insegurança alimentar há de ser enfrentado numa perspectiva a longo prazo, eliminando as causas estruturais que o provocam e promovendo o desenvolvimento agrícola dos países mais pobres por meio de investimentos em infraestruturas rurais, sistemas de irrigação, transportes, organização dos mercados, formação e difusão de técnicas agrícolas apropriadas, isto é, capazes de utilizar o melhor possível os recursos humanos, natu-

---

(1967), 280-281; João Paulo II, Carta enc. *Sollicitudo rei socialis* (30 de dezembro de 1987), 42: *AAS* 80 (1988), 572-574.

rais e socioeconômicos mais acessíveis a nível local, para garantir a sua manutenção a longo prazo. Tudo isto há de ser realizado envolvendo as comunidades locais nas opções e nas decisões relativas ao uso da terra cultivável. Nesta perspectiva, poderia revelar--se útil considerar as novas fronteiras abertas por um correto emprego das técnicas de produção agrícola, tanto as tradicionais como as inovadoras, desde que as mesmas tenham sido, depois de adequada verificação, reconhecidas oportunas, respeitadoras do ambiente e tendo em conta as populações mais desfavorecidas. Ao mesmo tempo não deveria ser transcurada a questão de uma equitativa reforma agrária nos países em vias de desenvolvimento. Os direitos à alimentação e à água revestem um papel importante para a consecução de outros direitos, a começar pelo direito primário à vida. Por isso, é necessária a maturação duma consciência solidária que considere *a alimentação e o acesso à água como direitos universais de todos os seres humanos, sem distinções nem discriminações.*[11] Além disso, é importante pôr em evidência que o caminho da solidariedade com o desenvolvimento dos países pobres pode constituir um projeto de solução para a presente crise global, como homens políticos e responsáveis de instituições internacionais têm intuído

---

[11] Cf. Bento XVI, *Mensagem por ocasião do Dia Mundial da Alimentação 2007: AAS* 99 (2007), 933-935.

nos últimos tempos. Sustentando, através de planos de financiamento inspirados pela solidariedade, os países economicamente pobres, para que provejam eles mesmos à satisfação das solicitações de bens de consumo e de desenvolvimento dos próprios cidadãos, é possível não apenas gerar verdadeiro crescimento econômico mas também concorrer para sustentar as capacidades produtivas dos países ricos que correm o risco de ficar comprometidas pela crise.

28. Um dos aspectos mais evidentes do desenvolvimento atual é a importância do tema do *respeito pela vida*, que não pode ser de modo algum separado das questões relativas ao desenvolvimento dos povos. Trata-se de um aspecto que, nos últimos tempos, está assumindo uma relevância sempre maior, obrigando-nos a alargar os conceitos de pobreza[12] e subdesenvolvimento às questões relacionadas com o acolhimento da vida, sobretudo onde o mesmo é de várias maneiras impedido.

Não só a situação de pobreza provoca ainda altas taxas de mortalidade infantil em muitas regiões, mas perduram também, em várias partes do mundo, práticas de controle demográfico por parte dos governos, que muitas vezes difundem a contracepção e chegam mesmo a impor o aborto. Nos países economicamente

---

[12] Cf. João Paulo II, Carta enc. *Evangelium vitæ* (25 de março de 1995), 18.59.63-64: *AAS* 87 (1995), 419-421.467-468.472-475.

mais desenvolvidos, são muito difusas as legislações contrárias à vida, condicionando já o costume e a práxis e contribuindo para divulgar uma mentalidade antinatalista que muitas vezes se procura transmitir a outros Estados como se fosse um progresso cultural.

Também algumas organizações não governamentais trabalham ativamente pela difusão do aborto, promovendo nos países pobres a adoção da prática da esterilização, mesmo sem as mulheres o saberem. Além disso, há a fundada suspeita de que às vezes as próprias ajudas ao desenvolvimento sejam associadas com determinadas políticas sanitárias que realmente implicam a imposição de um forte controle dos nascimentos. Igualmente preocupantes são as legislações que preveem a eutanásia e as pressões de grupos nacionais e internacionais que reivindicam o seu reconhecimento jurídico.

A abertura à vida está no centro do verdadeiro desenvolvimento. Quando uma sociedade começa a negar e a suprimir a vida, acaba por deixar de encontrar as motivações e energias necessárias para trabalhar ao serviço do verdadeiro bem do homem. Se se perde a sensibilidade pessoal e social ao acolhimento de uma nova vida, definham também outras formas de acolhimento úteis à vida social.[13] O acolhimento da vida

---

[13] Cf. Bento XVI, *Mensagem para o Dia Mundial da Paz 2007*, 5: *Insegnamenti* II/2 (2006), 778.

revigora as energias morais e torna-nos capazes de ajuda recíproca. Os povos ricos, cultivando a abertura à vida, podem compreender melhor as necessidades dos países pobres, evitar o emprego de enormes recursos econômicos e intelectuais para satisfazer desejos egoístas dos próprios cidadãos e promover, em vez, ações virtuosas na perspectiva de uma produção moralmente sadia e solidária, no respeito do direito fundamental de cada povo e de cada pessoa à vida.

29. Outro aspecto da vida atual, intimamente relacionado com o desenvolvimento, é a negação do *direito à liberdade religiosa*. Não me refiro só às lutas e conflitos que ainda se disputam no mundo por motivações religiosas, embora estas às vezes sejam apenas a cobertura para razões de outro gênero, tais como a sede de domínio e de riqueza. Na realidade, com frequência hoje se faz apelo ao santo nome de Deus para matar, como diversas vezes foi sublinhado e deplorado publicamente pelo meu predecessor João Paulo II e por mim próprio.[14] As violências refreiam o desenvolvimento autêntico e impedem a evolução dos povos para um bem-estar socioeconômico e espiritual

---

[14] Cf. João Paulo II, *Mensagem para o Dia Mundial da Paz 2002*, 4-7.12-15: *AAS* 94 (2002), 134-136.138-140; *Mensagem para o Dia Mundial da Paz 2004*, 8: *AAS* 96 (2004), 119; *Mensagem para o Dia Mundial da Paz 2005*, 4: *AAS* 97 (2005), 177-178; Bento XVI, *Mensagem para o Dia Mundial da Paz 2006*, 9-10: *AAS* 98 (2006), 60-61; *Mensagem para o Dia Mundial da Paz 2007*, 5.14: *Insegnamenti* II/2 (2006), 778.782-783.

maior. Isto se aplica de modo especial ao terrorismo de índole fundamentalista,[15] que gera sofrimento, devastação e morte, bloqueia o diálogo entre as nações e desvia grandes recursos do seu uso pacífico e civil. Mas há que acrescentar que, se o fanatismo religioso impede em alguns contextos o exercício do direito de liberdade de religião, também a promoção programada da indiferença religiosa ou do ateísmo prático por parte de muitos países contrasta com as necessidades do desenvolvimento dos povos, subtraindo-lhes recursos espirituais e humanos. Deus é o *garante do verdadeiro desenvolvimento do homem*, já que, tendo-o criado à sua imagem, fundamenta de igual forma a sua dignidade transcendente e alimenta o seu anseio constitutivo de "ser mais". O homem não é um átomo perdido num universo casual,[16] mas é uma criatura de Deus, à qual quis dar uma alma imortal e que desde sempre amou. Se o homem fosse fruto apenas do acaso ou da necessidade, se as suas aspirações tivessem de reduzir-se ao horizonte restrito das situações em que vive, se tudo fosse somente história e cultura e o homem não tivesse uma natureza destinada a transcender-se numa vida sobrenatural, então poder-se-ia falar de incremento ou de

---

[15] Cf. João Paulo II, *Mensagem para o Dia Mundial da Paz 2002*, 6: *AAS* 94 (2002), 135; Bento XVI, *Mensagem para o Dia Mundial da Paz 2006*, 9-10: *AAS* 98 (2006), 60-61.

[16] Cf. Bento XVI, *Homilia da Santa Missa no "Islinger Feld" di Regensburg* (12 de setembro de 2006): *Insegnamenti* II/2 (2006), 252-256.

evolução, mas não de desenvolvimento. Quando o Estado promove, ensina ou até impõe formas de ateísmo prático, tira aos seus cidadãos a força moral e espiritual indispensável para se empenharem no desenvolvimento humano integral e impede-os de avançarem com renovado dinamismo no próprio compromisso de uma resposta humana mais generosa ao amor divino.[17] Sucede também que os países economicamente desenvolvidos ou os emergentes exportem para os países pobres, no âmbito das suas relações culturais, comerciais e políticas, esta visão redutiva da pessoa e do seu destino. É o dano que o "superdesenvolvimento"[18] acarreta ao desenvolvimento autêntico, quando é acompanhado pelo "subdesenvolvimento moral".[19]

30. Nesta linha, o tema do desenvolvimento humano integral atinge um ponto ainda mais complexo: a correlação entre os seus vários elementos requer que nos empenhemos por *fazer interagir os diversos níveis do saber humano* tendo em vista a promoção de um verdadeiro desenvolvimento dos povos. Muitas vezes pensa-se que o desenvolvimento ou as relativas medidas socioeconômicas necessitam apenas serem

---

[17] Cf. Bento XVI, Carta enc. *Deus caritas est* (25 de dezembro de 2005), 1: *AAS* 98 (2006), 217-218.

[18] João Paulo II, Carta enc. *Sollicitudo rei socialis* (30 de dezembro de 1987), 28: *AAS* 80 (1988), 548-550.

[19] Paulo VI, Carta enc. *Populorum progressio* (26 de março de 1967), 19: *AAS* 59 (1967), 266-267.

postos em prática como fruto de um agir comum, ignorando que este agir comum precisa ser orientado, porque "toda a ação social implica uma doutrina".[20] Vista a complexidade dos problemas, é óbvio que as várias disciplinas devem colaborar através de uma ordenada interdisciplinaridade. A caridade não exclui o saber, antes reclama-o, promove-o e anima-o a partir de dentro. O saber nunca é obra apenas da inteligência; pode, sem dúvida, ser reduzido a cálculo e a experiência, mas, se quer ser sapiência capaz de orientar o homem à luz dos princípios primeiros e dos seus fins últimos, deve ser "temperado" com o "sal" da caridade. A ação é cega sem o saber, e este é estéril sem o amor. De fato, "aquele que está animado de verdadeira caridade é engenhoso em descobrir as causas da miséria, encontrar os meios de a combater e vencê-la resolutamente".[21] Relativamente aos fenômenos que analisamos, a caridade na verdade requer, antes de mais nada, conhecer e compreender no respeito consciencioso da competência específica de cada nível do saber. A caridade não é uma junção posterior, como se fosse um apêndice ao trabalho já concluído das várias disciplinas, mas dialoga com elas desde o início. As exigências do amor não contradizem as da razão. O saber humano é insuficiente e as conclusões

[20] *Ibid.*, 39: *o.c.*, 276-277.

[21] *Ibid.*, 75: *o.c.*, 293-294.

das ciências não poderão sozinhas indicar o caminho para o desenvolvimento integral do homem. Sempre é preciso lançar-se mais além: exige-o a caridade na verdade.[22] Todavia ir mais além nunca significa prescindir das conclusões da razão, nem contradizer os seus resultados. Não aparece a inteligência e depois o amor: há *o amor rico de inteligência e a inteligência cheia de amor.*

31. Isso significa que as ponderações morais e a pesquisa científica devem crescer juntas e que a caridade as deve animar num todo interdisciplinar harmônico, feito de unidade e distinção. A doutrina social da Igreja, que tem *"uma importante dimensão interdisciplinar"*,[23] pode desempenhar, nesta perspectiva, uma função de extraordinária eficácia. Ela permite à fé, à teologia, à metafísica e às ciências encontrarem o próprio lugar no âmbito de uma colaboração ao serviço do homem; é sobretudo aqui que a doutrina social da Igreja atua a sua dimensão sapiencial. Paulo VI tinha visto claramente que, entre as causas do subdesenvolvimento, conta-se uma carência de sabedoria, de reflexão, de pensamento capaz de realizar uma síntese

---

[22] Cf. Bento XVI, Carta enc. *Deus caritas est* (25 de dezembro de 2005), 28: *AAS* 98 (2006), 238-240.

[23] João Paulo II, Carta enc. *Centesimus annus* (1º de maio de 1991), 59: *AAS* 83 (1991), 864.

orientadora,[24] que requer "uma visão clara de todos os aspectos econômicos, sociais, culturais e espirituais".[25] A excessiva fragmentação do saber,[26] o isolamento das ciências humanas relativamente à metafísica,[27] as dificuldades no diálogo entre as ciências e a teologia danificam não só o avanço do saber mas também o desenvolvimento dos povos, porque, quando isso se verifica, fica obstaculizada a visão do bem completo do homem nas várias dimensões que o caracterizam. É indispensável o "alargamento do nosso conceito de razão e do uso da mesma"[28] para conseguir sopesar adequadamente todos os termos da questão do desenvolvimento e da solução dos problemas socioeconômicos.

32. As grandes novidades que o quadro atual do desenvolvimento dos povos apresenta exigem em muitos casos *novas soluções*. Estas hão de ser procuradas conjuntamente no respeito das leis próprias de cada realidade e à luz de uma visão integral do homem, que espelhe os vários aspectos da pessoa humana, contemplada com o olhar purificado pela caridade.

---

[24] Cf. Carta enc. *Populorum progressio* (26 de março de 1967), 40.85: *AAS* 59 (1967), 277.298-299.

[25] *Ibid.*, 13: *o.c.*, 263-264.

[26] Cf. João Paulo II, Carta enc. *Fides et ratio* (14 de setembro de 1998), 85: *AAS* 91 (1999), 72-73.

[27] Cf. *ibid.*, 83: *o.c.*, 70-71.

[28] Bento XVI, *Discurso na Universidade de Regensburg* (12 de setembro de 2006): *Insegnamenti* II/2 (2006), 265.

Descobrir-se-ão então singulares convergências e concretas possibilidades de solução, sem renunciar a qualquer componente fundamental da vida humana.

A dignidade da pessoa e as exigências da justiça requerem, sobretudo hoje, que as opções econômicas não façam aumentar, de forma excessiva e moralmente inaceitável, as diferenças de riqueza[29] e que se continue a perseguir como *prioritário o objetivo do acesso ao trabalho* para todos, ou da sua manutenção. Bem vistas as coisas, isto é exigido também pela "razão econômica". O aumento sistemático das desigualdades entre grupos sociais no interior de um mesmo país e entre as populações dos diversos países, ou seja, o aumento maciço da pobreza em sentido relativo, tende não só a minar a coesão social — e, por este caminho, põe em risco a democracia —, mas tem também um impacto negativo no plano econômico com a progressiva corrosão do "capital social", isto é, daquele conjunto de relações de confiança, de credibilidade, de respeito das regras, indispensáveis em qualquer convivência civil.

E é ainda a ciência econômica a dizer-nos que uma situação estrutural de insegurança gera comportamentos antiprodutivos e de desperdício de recursos humanos, já que o trabalhador tende a adaptar-se

---

[29] Cf. Paulo VI, Carta enc. *Populorum progressio* (26 de março de 1967), 33: *AAS* 59 (1967), 273-274.

passivamente aos mecanismos automáticos, em vez de dar largas à criatividade. Também neste ponto se verifica uma convergência entre ciência econômica e ponderação moral. *Os custos humanos são sempre também custos econômicos*, e as disfunções econômicas acarretam sempre também custos humanos.

Há ainda que recordar que o nivelamento das culturas à dimensão tecnológica, se a curto prazo pode favorecer a obtenção de lucros, a longo prazo dificulta o enriquecimento recíproco e as dinâmicas de cooperação. É importante distinguir entre considerações econômicas ou sociológicas a curto prazo e a longo prazo. A diminuição do nível de tutela dos direitos dos trabalhadores ou a renúncia a mecanismos de redistribuição do rendimento, para fazer o país ganhar maior competitividade internacional, impede a afirmação de um desenvolvimento de longa duração. Por isso, há que avaliar atentamente as consequências que podem ter sobre as pessoas as tendência atuais para uma economia a curto, se não mesmo curtíssimo, prazo. Isto requer *uma nova e profunda reflexão sobre o sentido da economia e dos seus fins*,[30] bem como uma revisão profunda e clarividente do modelo de desenvolvimento, para se corrigirem as suas disfunções e desvios. Na realidade, exige-o o estado de saúde ecológica da terra;

---

[30] Cf. João Paulo II, *Mensagem para o Dia Mundial da Paz 2000*, 15: *AAS* 92 (2000), 366.

pede-o sobretudo a crise cultural e moral do homem, cujos sintomas são evidentes por toda a parte.

33. Passados mais de quarenta anos da publicação da *Populorum progressio*, o seu tema de fundo — precisamente o progresso — *permanece ainda um problema em aberto*, que se tornou mais agudo e premente com a crise econômico-financeira em curso. Se algumas áreas do globo, outrora oprimidas pela pobreza, registraram mudanças notáveis em termos de crescimento econômico e de participação na produção mundial, há outras zonas que vivem ainda numa situação de miséria comparável à existente nos tempos de Paulo VI; antes, em qualquer caso pode-se mesmo falar de agravamento. É significativo que algumas causas desta situação tivessem sido já identificadas na *Populorum progressio*, como, por exemplo, as altas tarifas aduaneiras impostas pelos países economicamente desenvolvidos que ainda impedem aos produtos originários dos países pobres de chegar aos mercados dos países ricos. Entretanto, outras causas que a encíclica tinha apenas pressentido, apareceram depois com maior evidência; é o caso da avaliação do processo de descolonização, então em pleno curso. Paulo VI almejava um percurso de autonomia que havia de realizar-se na liberdade e na paz; quarenta anos depois, temos de reconhecer como foi difícil tal percurso, tanto por causa de novas formas de colonialismo e dependência de

antigos e novos países hegemônicos, como por graves irresponsabilidades internas aos próprios países que se tornaram independentes.

A novidade principal foi a *explosão da interdependência mundial*, já conhecida comumente por globalização. Paulo VI tinha-a em parte previsto, mas os termos e a impetuosidade com que aquela evoluiu são surpreendentes. Nascido no âmbito dos países economicamente desenvolvidos, este processo por sua própria natureza causou um envolvimento de todas as economias. Foi o motor principal para a saída do subdesenvolvimento de regiões inteiras e, por si mesmo, constitui uma grande oportunidade. Contudo, sem a guia da caridade na verdade, este ímpeto mundial pode concorrer para criar riscos de danos até agora desconhecidos e de novas divisões na família humana. Por isso, a caridade e a verdade colocam diante de nós um compromisso inédito e criativo, sem dúvida muito vasto e complexo. Trata-se de *dilatar a razão e torná-la capaz de conhecer e orientar estas novas e imponentes dinâmicas*, animando-as na perspectiva daquela "civilização do amor", cuja semente Deus colocou em todo o povo e cultura.

Capítulo III

FRATERNIDADE, DESENVOLVIMENTO ECONÔMICO E SOCIEDADE CIVIL

34. A *caridade na verdade* coloca o homem perante a admirável experiência do dom. A gratuidade está presente na sua vida sob múltiplas formas, que frequentemente lhe passam despercebidas por causa de uma visão meramente produtiva e utilitarista da existência. O ser humano está feito para o dom, que exprime e realiza a sua dimensão de transcendência. Por vezes o homem moderno convence-se, erroneamente, de que é o único autor de si mesmo, da sua vida e da sociedade. Trata-se de uma presunção, resultante do encerramento egoísta em si mesmo, que provém — se queremos exprimi-lo em termos de fé — do *pecado das origens*. Na sua sabedoria, a Igreja sempre propôs que se tivesse em conta o pecado original mesmo na interpretação dos fenômenos sociais e na construção da sociedade. "Ignorar que o homem tem uma natureza ferida, inclinada para o mal, dá lugar a graves erros no domínio da educação, da política, da ação social e

dos costumes".[1] No elenco dos campos onde se manifestam os efeitos perniciosos do pecado, há muito tempo que se acrescentou também o da economia. Temos uma prova evidente disto mesmo nos dias que correm. Primeiro, a convicção de ser autossuficiente e de conseguir eliminar o mal presente na história apenas com a própria ação induziu o homem a identificar a felicidade e a salvação com formas imanentes de bem--estar material e de ação social. Depois, a convicção da exigência de autonomia para a economia, que não deve aceitar "influências" de caráter moral, impeliu o homem a abusar dos instrumentos econômicos até mesmo de forma destrutiva. Com o passar do tempo, estas convicções levaram a sistemas econômicos, sociais e políticos que espezinharam a liberdade da pessoa e dos corpos sociais e, por isso mesmo, não foram capazes de assegurar a justiça que prometiam. Desse modo, como afirmei na encíclica *Spe salvi*,[2] elimina-se da história a *esperança cristã*, a qual, em vez, constitui um poderoso recurso social ao serviço do desenvolvimento humano integral, procurado na liberdade e na justiça. A esperança encoraja a razão e dá-lhe a força para orientar a vontade.[3] Já está presente na fé, pela qual

---

[1] *Catecismo da Igreja Católica*, 407; cf. João Paulo II, Carta enc. *Centesimus annus* (1º de maio de 1991), 25: *AAS* 83 (1991), 822-824.

[2] Cf. n. 17: *AAS* 99 (2007), 1000.

[3] Cf. *ibid.*, 23: *o.c.*, 1004-1005.

aliás é suscitada. Dela se nutre a caridade na verdade e, ao mesmo tempo, manifesta-a. Sendo dom de Deus absolutamente gratuito, irrompe na nossa vida como algo não devido, que transcende qualquer norma de justiça. Por sua natureza, o dom ultrapassa o mérito; a sua regra é a excedência. Aquele precede-nos, na nossa própria alma, como sinal da presença de Deus em nós e das suas expectativas a nosso respeito. A verdade, que é dom tal como a caridade, é maior do que nós, conforme ensina Santo Agostinho.[4] Também a verdade acerca de nós mesmos, da nossa consciência pessoal é-nos primariamente "dada"; com efeito, em qualquer processo cognoscitivo, a verdade não é produzida por nós, mas sempre encontrada ou, melhor, recebida. Tal como o amor, ela "não nasce da inteligência e da vontade, mas de certa forma impõe-se ao ser humano".[5]

Enquanto dom recebido por todos, a caridade na verdade é uma força que constitui a comunidade,

---

[4] Santo Agostinho expõe, de maneira detalhada, este ensinamento no diálogo sobre o livre-arbítrio (*De libero arbitrio*, II, 3, 8s.). Aponta para a existência de um "sentido interno" dentro da alma humana. Este sentido consiste num ato que se realiza fora das funções normais da razão, um ato não reflexo e quase instintivo, pelo qual a razão, ao dar-se conta da sua condição transitória e falível, admite acima de si mesma a existência de algo de eterno, absolutamente verdadeiro e certo. O nome que Santo Agostinho dá a esta verdade interior umas vezes é Deus (*Confissões* X, 24, 35; XII, 25, 35; *De libero arbitrio*, II, 3, 8, 27), outras e mais frequentemente é Cristo (*De magistro* 11, 38; *Confissões* VII, 18, 24; XI, 2, 4).

[5] Bento XVI, Carta enc. *Deus caritas est* (25 de dezembro de 2005), 3: *AAS* 98 (2006), 219.

unifica os homens segundo modalidades que não conhecem barreiras nem confins. A comunidade dos homens pode ser constituída por nós mesmos; mas, com as nossas simples forças, nunca poderá ser uma comunidade plenamente fraterna nem alargada para além de qualquer fronteira, ou seja, não poderá tornar-se uma comunidade verdadeiramente universal: a unidade do gênero humano, uma comunhão fraterna para além de qualquer divisão, nasce da convocação da palavra de Deus-Amor. Ao enfrentar esta questão decisiva, devemos especificar, por um lado, que a lógica do dom não exclui a justiça nem se justapõe a ela num segundo tempo e de fora; e, por outro, que o desenvolvimento econômico, social e político precisa, se quiser ser autenticamente humano, dar espaço ao *princípio da gratuidade* como expressão de fraternidade.

35. O *mercado*, se houver confiança recíproca e generalizada, é a instituição econômica que permite o encontro entre as pessoas, na sua dimensão de operadores econômicos que usam o contrato como regra das suas relações e que trocam bens e serviços entre si fungíveis, para satisfazer as suas carências e desejos. O mercado está sujeito aos princípios da chamada *justiça comutativa*, que regula precisamente as relações do dar e receber entre sujeitos iguais. Mas a doutrina social nunca deixou de pôr em evidência a importância que têm a *justiça distributiva* e a *justiça social* para a

própria economia de mercado, não só porque integrada nas malhas de um contexto social e político mais vasto, mas também pela teia das relações em que se realiza. De fato, deixado unicamente ao princípio da equivalência de valor dos bens trocados, o mercado não consegue gerar a coesão social de que necessita para bem funcionar. *Sem formas internas de solidariedade e de confiança recíproca, o mercado não pode cumprir plenamente a própria função econômica.* E, hoje, foi precisamente esta confiança que veio a faltar; e a perda da confiança é uma perda grave.

Na *Populorum progressio*, Paulo VI sublinhava oportunamente o fato de que seria o próprio sistema econômico a tirar vantagem da prática generalizada da justiça, uma vez que os primeiros a beneficiar do desenvolvimento dos países pobres teriam sido os países ricos.[6] Não se tratava apenas de corrigir disfunções, através da assistência. Os pobres não devem ser considerados um "fardo"[7] mas um recurso, mesmo do ponto de vista estritamente econômico. Há que considerar errada a visão de quantos pensam que a economia de mercado tenha estruturalmente necessidade de uma certa quota de pobreza e subdesenvolvimento para poder funcionar do melhor modo. O mercado tem

---

[6] Cf. n. 49: *AAS* 59 (1967), 281.

[7] João Paulo II, Carta enc. *Centesimus annus* (1º de maio de 1991), 28: *AAS* 83 (1991), 827-828.

interesse em promover emancipação, mas, para o fazer verdadeiramente, não pode contar apenas consigo mesmo, porque não é capaz de produzir por si aquilo que está para além das suas possibilidades; tem de haurir energias morais de outros sujeitos, que sejam capazes de as gerar.

36. A atividade econômica não pode resolver todos os problemas sociais através da simples extensão da *lógica mercantil*. Esta há de ter como *finalidade a prossecução do bem comum*, do qual se deve ocupar também e sobretudo a comunidade política. Por isso, tenha-se presente que é causa de graves desequilíbrios separar o agir econômico — ao qual competiria apenas produzir riqueza — do agir político, cuja função seria buscar a justiça através da redistribuição.

Desde sempre a Igreja defende que não se há de considerar o agir econômico como antissocial. De per si o mercado não é, nem se deve tornar, o lugar da prepotência do forte sobre o débil. A sociedade não tem que se proteger do mercado, como se o desenvolvimento deste implicasse *ipso facto* a morte das relações autenticamente humanas. É verdade que o mercado pode ser orientado de modo negativo, não porque isso esteja na sua natureza, mas porque certa ideologia pode dirigi-lo em tal sentido. Não se deve esquecer que o mercado, em estado puro, não existe; mas toma forma a partir das configurações culturais que o especificam e orientam. Com efeito, a economia e as finanças, enquanto instrumentos, podem ser mal utilizadas se quem as gere tiver apenas referimentos egoístas. Deste modo é possível conseguir transformar instrumentos de per si bons em instrumentos danosos; mas é a razão obscurecida do homem que produz estas consequências, não o instrumento por si mesmo. Por isso, não é o instrumento que deve ser chamado em causa, mas o homem, a sua consciência moral e a sua responsabilidade pessoal e social.

A doutrina social da Igreja considera possível viver relações autenticamente humanas de amizade e camaradagem, de solidariedade e reciprocidade, mesmo no âmbito da atividade econômica e não apenas fora dela ou "depois" dela. A área econômica não é nem eticamente neutra nem de natureza desumana e antissocial. Pertence à atividade do homem; e, precisamente porque humana, deve ser eticamente estruturada e institucionalizada.

O grande desafio que temos diante de nós — resultante das problemáticas do desenvolvimento neste tempo de globalização, mas revestindo-se de maior exigência com a crise econômico-financeira — é mostrar, a nível tanto de pensamento como de comportamentos, que não só não podem ser transcurados ou atenuados os princípios tradicionais da ética social, como a transparência, a honestidade e a responsabilidade, mas também que, nas *relações comerciais*, o *princípio de gratuidade* e a lógica do dom como expressão da fraternidade podem e devem *encontrar lugar dentro da atividade econômica normal*. Isto é uma exigência do homem no tempo atual, mas também da própria razão econômica. Trata-se de uma exigência simultaneamente da caridade e da verdade.

37. A doutrina social da Igreja sempre defendeu que *a justiça diz respeito a todas as fases da atividade econômica*, porque esta sempre tem a ver com o homem e com as suas exigências. A angariação dos recursos, os financiamentos, a produção, o consumo e todas as outras fases do ciclo econômico têm inevitavelmente implicações morais. *Deste modo cada decisão econômica tem consequências de caráter moral*. Tudo isto encontra confirmação também nas ciências sociais e nas tendências da economia atual. Outrora talvez se pudesse pensar, primeiro, em confiar à economia a produção de riqueza para, depois, atribuir à política a tarefa de a distribuir; hoje tudo isto se apresenta mais difícil, porque, enquanto as atividades econômicas deixaram de estar circunscritas no âmbito dos limites territoriais, a autoridade dos governos continua a ser sobretudo local. Por isso, os cânones da justiça devem ser respeitados desde o início enquanto se desenrola o processo econômico, e não depois ou marginalmen-

te. Além disso, é preciso que, no mercado, se abram espaços para atividades econômicas realizadas por sujeitos que livremente escolhem configurar o próprio agir segundo princípios diversos do puro lucro, sem por isso renunciar a produzir valor econômico. As numerosas expressões de economia que tiveram origem em iniciativas religiosas e laicas demonstram que isto é concretamente possível.

Na época da globalização, a economia denota a influência de modelos competitivos ligados a culturas muito diversas entre si. Os comportamentos econômico-empresariais daí resultantes possuem, na sua maioria, um ponto de encontro no respeito da justiça comutativa. A *vida econômica* tem, sem dúvida, necessidade do *contrato*, para regular as relações de transação entre valores equivalentes; mas precisa igualmente de *leis justas* e de *formas de redistribuição* guiadas pela política, para além de obras que tragam impresso o *espírito do dom*. A economia globalizada parece privilegiar a primeira lógica, ou seja, a da transação contratual, mas direta ou indiretamente dá provas de necessitar também das outras duas: a lógica política e a lógica do dom sem contrapartidas.

38. O meu antecessor João Paulo II sublinhara esta problemática, quando, na *Centesimus annus*, destacou a necessidade de um sistema com três sujeitos: o

mercado, o *Estado* e a *sociedade civil*.[8] Ele tinha identificado na sociedade civil o âmbito mais apropriado para uma *economia da gratuidade* e da fraternidade, mas sem pretender negá-la nos outros dois âmbitos. Hoje, podemos dizer que a vida econômica deve ser entendida como uma realidade com várias dimensões: em todas deve estar presente, embora em medida diversa e com modalidades específicas, o aspecto da reciprocidade fraterna. Na época da globalização, a atividade econômica não pode prescindir da gratuidade, que difunde e alimenta a solidariedade e a responsabilidade pela justiça e o bem comum em seus diversos sujeitos e atores. Trata-se, em última análise, de uma forma concreta e profunda de democracia econômica. A solidariedade consiste primariamente em que todos se sintam responsáveis por todos[9] e, por conseguinte, não pode ser delegada só no Estado. Se, no passado, era possível pensar que havia necessidade primeiro de procurar a justiça e que a gratuidade intervinha depois como um complemento, hoje é preciso afirmar que, sem a gratuidade, não se consegue sequer realizar a justiça. Assim, temos necessidade de um mercado no qual possam operar, livremente e em condições de igual oportunidade, empresas que persigam fins institucio-

---

[8] Cf. n. 35: *AAS* 83 (1991), 836-838.

[9] Cf. João Paulo II, Carta enc. *Sollicitudo rei socialis* (30 de dezembro de 1987), 38: *AAS* 80 (1988), 565-566.

nais diversos. Ao lado da empresa privada orientada para o lucro e dos vários tipos de empresa pública, devem poder-se radicar e exprimir as organizações produtivas que perseguem fins mutualistas e sociais. Do seu recíproco confronto no mercado, pode-se esperar uma espécie de hibridização dos comportamentos de empresa e, consequentemente, uma atenção sensível à *civilização da economia*. Neste caso, caridade na verdade significa que é preciso dar forma e organização àquelas iniciativas econômicas que, embora sem negar o lucro, pretendam ir mais além da lógica da troca de equivalentes e do lucro como fim em si mesmo.

39. Na *Populorum progressio*, Paulo VI pedia que se configurasse *um modelo de economia de mercado capaz de incluir, pelo menos intencionalmente, todos os povos e não apenas aqueles adequadamente habilitados*. Solicitava que nos empenhássemos na promoção de um mundo mais humano para todos, um mundo no qual "todos tenham qualquer coisa a dar e a receber, sem que o progresso de uns seja obstáculo ao desenvolvimento dos outros".[10] Estendia assim ao plano universal as mesmas instâncias e aspirações contidas na *Rerum novarum*, escrita quando pela primeira vez, em consequência da revolução industrial, se afirmou a ideia — seguramente avançada para aquele tempo —

[10] N. 44: *AAS* 59 (1967), 279.

de que a ordem civil, para subsistir, tinha necessidade também da intervenção distributiva do Estado. Hoje esta visão, além de ser posta em crise pelos processos de abertura dos mercados e das sociedades, revela-se incompleta para satisfazer as exigências de uma economia plenamente humana. Aquilo que a doutrina social da Igreja, partindo da sua visão do homem e da sociedade, sempre defendeu é hoje requerido também pelas dinâmicas características da globalização.

Quando a lógica do mercado e a do Estado se põem de acordo entre si para continuar no monopólio dos respectivos âmbitos de influência, com o passar do tempo definha a solidariedade nas relações entre os cidadãos, a participação e a adesão, o serviço gratuito, que são realidades diversas do "dar para ter", próprio da lógica da transação, e do "dar por dever", próprio da lógica dos comportamentos públicos impostos por lei do Estado. A vitória sobre o subdesenvolvimento exige que se atue não só sobre a melhoria das transações fundadas sobre o intercâmbio, nem apenas sobre as transferências das estruturas assistenciais de natureza pública, mas sobretudo sobre a *progressiva abertura, em contexto mundial, para formas de atividade econômica caracterizadas por quotas de gratuidade e de comunhão.* O binômio exclusivo mercado-Estado corrói a sociabilidade, enquanto as formas econômicas solidárias, que encontram o seu melhor terreno na sociedade civil sem contudo se reduzir a ela, criam sociabilidade. O mercado da gratuidade não existe, tal como não se podem estabelecer por lei comportamentos gratuitos, e todavia tanto o mercado como a política precisam de pessoas abertas ao dom recíproco.

40. As atuais dinâmicas econômicas internacionais, caracterizadas por graves desvios e disfunções, requerem *profundas mudanças inclusivamente no modo de conceber a empresa*. Antigas modalidades da vida empresarial declinam, mas outras prometedoras se esboçam no horizonte. Um dos riscos maiores é, sem dúvida, que a empresa preste contas quase exclusivamente a quem nela investe, acabando assim por reduzir a sua valência social. Devido ao seu crescimento de dimensão e à necessidade de capitais sempre maiores, são cada vez menos as empresas que fazem referimento a um empresário estável que se sinta responsável não apenas a curto mas a longo prazo pela vida e pelos resultados da sua empresa, tal como diminui o número das que dependem de um único território. Além disso, a chamada deslocalização da atividade produtiva pode atenuar no empresário o sentido da responsabilidade para com os interessados, como os trabalhadores, os fornecedores, os consumidores, o ambiente natural e a sociedade circundante mais ampla, em benefício dos acionistas, que não estão ligados a um espaço específico, gozando por isso de uma extraordinária mobilidade;

de fato, o mercado internacional dos capitais oferece hoje uma grande liberdade de ação. Mas é verdade também que está aumentando a consciência sobre a necessidade de uma mais ampla "responsabilidade social" da empresa. Apesar de os parâmetros éticos que guiam atualmente o debate sobre a responsabilidade social da empresa não serem, segundo a perspectiva da doutrina social da Igreja, todos aceitáveis, é um fato que se vai difundindo cada vez mais a convicção de que *a gestão da empresa não pode ter em conta unicamente os interesses dos proprietários da mesma, mas deve preocupar-se também com as outras diversas categorias de sujeitos que contribuem para a vida da empresa*: os trabalhadores, os clientes, os fornecedores dos vários fatores de produção, a comunidade de referimento. Nos últimos anos, notou-se o crescimento duma classe cosmopolita de gerentes, que muitas vezes respondem só às indicações dos acionistas da empresa constituídos geralmente por fundos anônimos que estabelecem de fato as suas remunerações. Todavia, hoje, há também muitos gerentes que, através de análises clarividentes, se dão conta cada vez mais dos profundos laços que a sua empresa tem com o território ou territórios, onde opera. Paulo VI convidava a avaliar seriamente o dano que a transferência de capitais para o estrangeiro, com exclusivas vantagens pessoais, pode causar à própria nação.[11] E João Paulo II advertia que *investir tem sempre um significado moral*, para além de econômico.[12] Tudo isto — há que reafirmá-lo — é válido também hoje, não obstante o mercado dos capitais tenha sido muito liberalizado e as mentalidades tecnológicas modernas possam induzir a pensar que investir seja apenas um fato técnico, e não humano e ético. Não há motivo para negar que certo capital possa ser ocasião de bem, se investido no estrangeiro antes que na pátria; mas devem-se ressalvar os vínculos de justiça, tendo em conta também o modo como aquele capital se formou e os danos que causará às pessoas o seu não investimento nos lugares onde o mesmo foi gerado.[13] É preciso evitar que o motivo para *o emprego dos recursos financeiros* seja especulativo, cedendo à tentação de procurar apenas o lucro a breve prazo sem cuidar igualmente da sustentabilidade da empresa a longo prazo, do seu serviço concreto à economia real e de uma adequada e oportuna promoção de iniciativas econômicas também nos países necessitados de desenvolvimento. Também não há motivo para negar que a deslocalização, quando compreende investimentos e formação, possa fazer bem às populações do país

---

[11] Cf. *ibid.*, 24: *o.c.*, 269.

[12] Cf. Carta enc. *Centesimus annus* (1º de maio de 1991), 36: *AAS* 83 (1991), 838-840.

[13] Cf. Paulo VI, Carta enc. *Populorum progressio* (26 de março de 1967), 24: *AAS* 59 (1967), 269.

que a acolhe — o trabalho e o conhecimento técnico são uma necessidade universal; mas não é lícito deslocalizar somente para gozar de especiais condições de favor ou, pior ainda, para exploração, sem prestar uma verdadeira contribuição à sociedade local para o nascimento de um robusto sistema produtivo e social, fator imprescindível para um desenvolvimento estável.

41. Dentro do mesmo tema, é útil observar que o *espírito empresarial* tem, e deve assumir cada vez mais, um *significado polivalente*. A longa prevalência do binômio mercado-Estado habituou-nos a pensar exclusivamente, por um lado, no empresário privado de tipo capitalista e, por outro, no diretor estatal. Na realidade, o espírito empresarial há de ser entendido de modo articulado, como se depreende duma série de motivações metaeconômicas. O espírito empresarial, antes de ter significado profissional, possui um significado humano;[14] está inscrito em cada trabalho, visto como *"actus personæ"*,[15] pelo que é bom oferecer a cada trabalhador a possibilidade de prestar a própria contribuição, de tal modo que ele mesmo "saiba trabalhar 'por conta própria'".[16] Ensinava Pau-

---

[14] Cf. João Paulo II, Carta enc. *Centesimus annus* (1º de maio de 1991), 32: *AAS* 83 (1991), 832-833; Paulo VI, Carta enc. *Populorum progressio* (26 de março de 1967), 25: *AAS* 59 (1967), 269-270.

[15] João Paulo II, Carta enc. *Laborem exercens* (14 de setembro de 1981), 24: *AAS* 73 (1981), 637-638.

[16] *Ibid.*, 15: *o.c.*, 616-618.

lo VI, não sem motivo, que "todo trabalhador é um criador".[17] Precisamente para dar resposta às exigências e à dignidade de quem trabalha e às necessidades da sociedade é que existem vários tipos de empresa, muito para além da simples distinção entre "privado" e "público". Cada uma requer e exprime um espírito empresarial específico. A fim de realizar uma economia que, num futuro próximo, saiba colocar-se ao serviço do bem comum nacional e mundial, convém ter em conta este significado amplo de espírito empresarial. Tal concepção mais ampla favorece o intercâmbio e a formação recíproca entre as diversas tipologias de empresariado, com transferência de competências do mundo sem lucro para aquele com lucro e vice-versa, do setor público para o âmbito próprio da sociedade civil, do mundo das economias avançadas para aquele dos países em vias de desenvolvimento.

Também a *"autoridade política"* tem um *significado polivalente*, que não se pode esquecer quando se procede à realização de uma nova ordem econômico--produtiva, responsável socialmente e à medida do homem. Assim como se pretende fomentar um espírito empresarial diferenciado no plano mundial, assim também se deve promover uma autoridade política repartida e ativa a vários níveis. A economia integrada

---

[17] Carta enc. *Populorum progressio* (26 de março de 1967), 27: *AAS* 59 (1967), 271.

de nossos dias não elimina a função dos Estados, antes obriga os governos a uma colaboração recíproca mais intensa. Razões de sabedoria e prudência sugerem que não se proclame depressa demais o fim do Estado; relativamente à solução da crise atual, a sua função parece destinada a crescer, readquirindo muitas das suas competências. Além disso, existem nações cuja edificação ou reconstrução do Estado continua a ser um elemento-chave do seu desenvolvimento. A *ajuda internacional*, precisamente no âmbito de um projeto de solidariedade que tivesse em vista a solução dos problemas econômicos atuais, deveria sobretudo apoiar a consolidação de sistemas constitucionais, jurídicos, administrativos nos países que ainda não gozam de tais bens. A par das ajudas econômicas, devem existir outros apoios tendentes a reforçar as garantias próprias do *Estado de direito*, um sistema de ordem pública e carcerário eficiente no respeito dos direitos humanos, instituições verdadeiramente democráticas. Não é preciso que o Estado tenha, em todo lado, as mesmas características: o apoio para reforço dos sistemas constitucionais débeis pode muito bem ser acompanhado pelo desenvolvimento de outros sujeitos políticos de natureza cultural, social, territorial ou religiosa, ao lado do Estado. A articulação da autoridade política a nível local, nacional e internacional é, além do mais, uma das vias mestras para chegar a poder orientar a globalização econômica; e é também o modo de evitar que esta mine realmente os alicerces da democracia.

42. Notam-se às vezes atitudes fatalistas a respeito da *globalização*, como se as dinâmicas em ato fossem produzidas por forças impessoais anônimas e por estruturas independentes da vontade humana.[18] A tal propósito, é bom recordar que a globalização há de ser entendida, sem dúvida, como um processo socioeconômico, mas esta sua dimensão não é a única. Sob o processo mais visível, há a realidade de uma humanidade que se torna cada vez mais interligada; tal realidade é constituída por pessoas e povos, para quem o referido processo deve ser de utilidade e desenvolvimento,[19] graças à assunção das respectivas responsabilidades por parte tanto dos indivíduos como da coletividade. A superação das fronteiras é um dado não apenas material mas também cultural nas suas causas e efeitos. Se a globalização for lida de maneira determinista, perdem-se os critérios para a avaliar e orientar. Trata-se de uma realidade humana que pode ter, na sua fonte, várias orientações culturais, sobre as quais é preciso fazer discernimento. A verdade da globalização enquanto processo e o seu critério ético

---

[18] Cf. Congr. da Doutrina da Fé, Instr. sobre a liberdade cristã e a libertação *Libertatis conscientia* (22 de março de 1987), 74: *AAS* 79 (1987), 587.

[19] Cf. João Paulo II, *Entrevista* ao diário católico "La Croix" de 20 de agosto de 1997.

fundamental provêm da unidade da família humana e do seu desenvolvimento no bem. Por isso é preciso empenhar-se sem cessar por *favorecer uma orientação cultural personalista e comunitária, aberta à transcendência, do processo de integração mundial.*

Não obstante algumas limitações estruturais, que não se hão de negar nem absolutizar, "a globalização *a priori* não é boa nem má. Será aquilo que as pessoas fizerem dela".[20] Não devemos ser vítimas dela, mas protagonistas, atuando com razoabilidade, guiados pela caridade e a verdade. Opor-se-lhe cegamente seria uma atitude errada, fruto de preconceito, que acabaria por ignorar um processo marcado também por aspectos positivos, com o risco de perder uma grande ocasião de se inserir nas múltiplas oportunidades de desenvolvimento por ele oferecidas. Adequadamente concebidos e geridos, os processos de globalização oferecem a possibilidade de uma grande redistribuição da riqueza a nível mundial, como antes nunca tinha acontecido; se mal geridos, podem, pelo contrário, fazer crescer pobreza e desigualdade, bem como contagiar com uma crise o mundo inteiro. É preciso *corrigir as suas disfunções*, tantas vezes graves, que introduzem novas divisões entre os povos e no interior dos mesmos, e fazer com que a redistribuição da riqueza não

---

[20] João Paulo II, *Discurso à Pontifícia Academia das Ciências Sociais* (27 de abril de 2001): *Insegnamenti* XXIV/1 (2001), 800.

se verifique à custa de uma redistribuição da pobreza ou até com o seu agravamento, como uma má gestão da situação atual poderia fazer-nos temer. Durante muito tempo, pensou-se que os povos pobres deveriam permanecer ancorados a um estádio predeterminado de desenvolvimento, contentando-se com a filantropia dos povos desenvolvidos. Contra esta mentalidade, tomou posição Paulo VI na *Populorum progressio*. Hoje, as forças materiais de que se pode dispor para fazer aqueles povos sair da miséria são potencialmente maiores do que outrora, mas acabaram por se aproveitar delas prevalentemente os povos dos países desenvolvidos, que conseguiram desfrutar melhor o processo de liberalização dos movimentos de capitais e do trabalho. Por isso a difusão dos ambientes de bem-estar a nível mundial não deve ser refreada por projetos egoístas, protecionistas ou ditados por interesses particulares. De fato, hoje, o envolvimento dos países emergentes ou em vias de desenvolvimento permite gerir melhor a crise. A transição inerente ao processo de globalização apresenta grandes dificuldades e perigos, que poderão ser superados apenas se se souber tomar consciência daquela alma antropológica e ética que, do mais fundo, impele a própria globalização para metas de humanização solidária. Infelizmente esta alma é muitas vezes abafada e condicionada por perspectivas ético-culturais de impostação individualista e utilitarista. A globalização é um fenômeno pluridimensional e polivalente, que exige ser compreendido na diversidade e unidade de todas as suas dimensões, incluindo a teológica. Isto permitirá viver e *orientar a globalização da humanidade em termos de relacionamento, comunhão e partilha.*

Capítulo IV

DESENVOLVIMENTO DOS POVOS, DIREITOS E DEVERES, AMBIENTE

43. "A solidariedade universal é para nós não só um fato e um benefício, mas também um dever".[1] Hoje, muitas pessoas tendem a alimentar a pretensão de que não devem nada a ninguém, a não ser a si mesmas. Considerando-se titulares só de direitos, frequentemente deparam-se com fortes obstáculos para maturar uma responsabilidade no âmbito do desenvolvimento integral próprio e alheio. Por isso, é importante invocar uma nova reflexão que faça ver como os *direitos pressupõem deveres, sem os quais o seu exercício se transforma em arbítrio.*[2] Assiste-se hoje a uma grave contradição: enquanto, por um lado, se reivindicam pretensos direitos, de caráter arbitrário e libertino, querendo vê-los reconhecidos e promovidos

---

[1] Paulo VI, Carta enc. *Populorum progressio* (26 de março de 1967), 17: *AAS* 59 (1967), 265-266.

[2] Cf. João Paulo II, *Mensagem para o Dia Mundial da Paz 2003*, 5: *AAS* 95 (2003), 343.

pelas estruturas públicas, por outro existem direitos elementares e fundamentais violados e negados a boa parte da humanidade.[3] Aparece com frequência assinalada uma relação entre a reivindicação do direito ao supérfluo, se não mesmo à transgressão e ao vício, nas sociedades opulentes e a falta de alimento, água potável, instrução básica, cuidados sanitários elementares em certas regiões do mundo subdesenvolvido e também nas periferias de grandes metrópoles. A relação está no fato de que os direitos individuais, desvinculados de um quadro de deveres que lhes confira um sentido completo, enlouquecem e alimentam uma espiral de exigências praticamente ilimitada e sem critérios. A exasperação dos direitos desemboca no esquecimento dos deveres. Estes delimitam os direitos porque remetem para o quadro antropológico e ético cuja verdade é o âmbito onde os mesmos se inserem e, deste modo, não descambam no arbítrio. Por este motivo, os deveres reforçam os direitos e propõem a sua defesa e promoção como um compromisso a assumir ao serviço do bem. Se, pelo contrário, os direitos do homem encontram o seu fundamento apenas nas deliberações de uma assembleia de cidadãos, podem ser alterados em qualquer momento e, assim, o dever de os respeitar e promover atenua-se na consciência comum. Então os governos e os organismos internacionais podem

---

[3] Cf. *ibid.*, 5: *o.c.*, 343.

esquecer a objetividade e "indisponibilidade" dos direitos. Quando isto acontece, põe-se em perigo o verdadeiro desenvolvimento dos povos.[4] Semelhantes posições comprometem a autoridade dos organismos internacionais, sobretudo aos olhos dos países mais carecidos de desenvolvimento. De fato, estes pedem que a comunidade internacional assuma como um dever ajudá-los a serem "artífices do seu destino",[5] ou seja, a assumirem por sua vez deveres. *A partilha dos deveres recíprocos mobiliza muito mais do que a mera reivindicação de direitos.*

44. A concepção dos direitos e dos deveres no desenvolvimento deve ter em conta também as problemáticas ligadas ao *crescimento demográfico*. Trata-se de um aspecto muito importante do verdadeiro desenvolvimento, porque diz respeito aos valores irrenunciáveis da vida e da família.[6] Considerar o aumento da população como a primeira causa do subdesenvolvimento é errado, inclusive do ponto de vista econômico: basta pensar, por um lado, na considerável diminuição da mortalidade infantil e no alongamento médio da vida que se registra nos países economicamente desenvol-

---

[4] Cf. Bento XVI, *Mensagem para o Dia Mundial da Paz 2007*, 13: *Insegnamenti* II/2 (2006), 781-782.

[5] Paulo VI, Carta enc. *Populorum progressio* (26 de março de 1967), 65: *AAS* 59 (1967), 289.

[6] Cf. *ibid.*, 36-37: *o.c.,* 275-276.

vidos, e, por outro, nos sinais de crise que se observam nas sociedades onde se registra uma preocupante queda da natalidade. Obviamente é forçoso prestar a devida atenção a uma procriação responsável, que constitui, além do mais, uma real contribuição para o desenvolvimento integral. A Igreja, que tem a peito o verdadeiro desenvolvimento do homem, recomenda-lhe o respeito dos valores humanos também no uso da sexualidade: o mesmo não pode ser reduzido a um mero fato hedonista e lúdico, do mesmo modo que a educação sexual não se pode limitar à instrução técnica, tendo como única preocupação defender os interessados de eventuais contágios ou do "risco" procriador. Isso equivaleria a empobrecer e negligenciar o significado profundo da sexualidade, que deve, pelo contrário, ser reconhecido e assumido responsavelmente tanto pela pessoa como pela comunidade. Com efeito, a responsabilidade impede que se considere a sexualidade como uma simples fonte de prazer ou que seja regulada com políticas de planificação forçada dos nascimentos. Em ambos os casos, estamos perante concepções e políticas materialistas, no âmbito das quais as pessoas acabam por sofrer várias formas de violência. A tudo isto há que contrapor a competência primária das famílias neste campo,[7] relativamente ao Estado e às suas políticas restritivas, e também uma apropriada educação dos pais.

---

[7] Cf. *ibid.*, 37: *o.c.*, 275-276.

A abertura moralmente responsável à vida é uma riqueza social e econômica. Grandes nações puderam sair da miséria, justamente graças ao grande número e às capacidades dos seus habitantes. Pelo contrário, nações outrora prósperas atravessam agora uma fase de incerteza e, em alguns casos, de declínio precisamente por causa da diminuição da natalidade, problema crucial para as sociedades de proeminente bem-estar. A diminuição dos nascimentos, situando-se por vezes abaixo do chamado "índice de substituição", põe em crise também os sistemas de assistência social, aumenta os seus custos, contrai a acumulação de poupanças e, consequentemente, os recursos financeiros necessários para os investimentos, reduz a disponibilização de trabalhadores qualificados, restringe a reserva aonde ir buscar os "cérebros" para as necessidades da nação. Além disso, as famílias de pequena e, às vezes, pequeníssima dimensão correm o risco de empobrecer as relações sociais e de não garantir formas eficazes de solidariedade. São situações que apresentam sintomas de escassa confiança no futuro e de cansaço moral. Deste modo, torna-se uma necessidade social, e mesmo econômica, continuar a propor às novas gerações a beleza da família e do matrimônio, a correspondência de tais instituições às exigências mais profundas do coração e da dignidade da pessoa. Nesta perspectiva, os Estados são chamados a *instaurar políticas que pro-*

movam a centralidade e a integridade da família, fundada no matrimônio entre um homem e uma mulher, célula primeira e vital da sociedade,[8] preocupando-se também com os seus problemas econômicos e fiscais, no respeito da sua natureza relacional.

45. Dar resposta às exigências morais mais profundas da pessoa tem também importantes e benéficas consequências no plano econômico. *De fato, a economia tem necessidade da ética para o seu correto funcionamento*; não de uma ética qualquer, mas de uma ética amiga da pessoa. Hoje se fala muito de ética em campo econômico, financeiro, empresarial. Nascem centros de estudo e percursos formativos de negócios éticos; difunde-se no mundo desenvolvido o sistema das certificações éticas, na esteira do movimento de ideias nascido à volta da responsabilidade social da empresa. Os bancos propõem contas e fundos de investimento chamados "éticos". Desenvolvem-se as "finanças éticas", sobretudo através do microcrédito e, mais em geral, de microfinanciamentos. Tais processos suscitam apreço e merecem amplo apoio. Os seus efeitos positivos fazem-se sentir também nas áreas menos desenvolvidas da terra. Todavia, é bom formar também um válido critério de discernimento, porque se nota certo abuso do adjetivo "ético", o qual, se usa-

---

[8] Cf. Conc. Ecum. Vat. II, Decr. sobre o apostolado dos leigos *Apostolicam actuositatem*, 11.

do vagamente, presta-se a designar conteúdos muito diversos, chegando-se a fazer passar à sua sombra decisões e opções contrárias à justiça e ao verdadeiro bem do homem.

Com efeito, muito depende do sistema moral em que se baseia. Sobre este argumento, a doutrina social da Igreja tem um contributo próprio e específico para dar, que se funda na criação do homem "à imagem de Deus" (*Gn* 1,27), um dado do qual deriva a dignidade inviolável da pessoa humana e também o valor transcendente das normas morais naturais. Uma ética econômica que prescinda destes dois pilares arrisca-se inevitavelmente a perder o seu cunho específico e a prestar-se a instrumentalizações; mais concretamente, arrisca-se a aparecer em função dos sistemas econômico-financeiros existentes, em vez de servir de correção às disfunções dos mesmos. Além do mais, acabaria até por justificar o financiamento de projetos que não são éticos. Por outro lado, não se deve recorrer ao termo "ético" de modo ideologicamente discriminatório, dando a perceber que não seriam éticas as iniciativas não dotadas formalmente de tal qualificação. Um dado é essencial: a necessidade de trabalhar não só para que nasçam setores ou segmentos "éticos" da economia ou das finanças, mas também para que toda a economia e as finanças sejam éticas: e não por uma rotulação exterior, mas pelo respeito de exigências intrínsecas à sua própria natureza. A tal respeito, se pronuncia com clareza a doutrina social da Igreja, que recorda como a economia, em todas as suas extensões, seja um setor da atividade humana.[9]

46. Considerando as temáticas referentes à *relação entre empresa e ética* e também a evolução que o sistema produtivo está a fazer, parece que a distinção usada até agora entre empresas que têm por finalidade o lucro (*profit*) e organizações que não buscam o lucro (*non profit*) já não é capaz de dar cabalmente conta da realidade, nem de orientar eficazmente o futuro. Nestas últimas décadas, foi surgindo entre as duas tipologias de empresa uma ampla área intermédia. Esta é constituída por empresas tradicionais mas que subscrevem pactos de ajuda aos países atrasados, por fundações que são expressão de empresas individuais, por grupos de empresas que se propõem objetivos de utilidade social, pelo mundo diversificado dos sujeitos da chamada economia civil e de comunhão. Não se trata apenas de um "terceiro setor", mas de uma nova e ampla realidade complexa, que envolve o privado e o público e que não exclui o lucro mas considera-o como instrumento para realizar finalidades humanas e sociais. O fato de tais empresas distribuírem ou não os ganhos ou de assu-

---

[9] Cf. Paulo VI, Carta enc. *Populorum progressio* (26 de março de 1967), 14: *AAS* 59 (1967), 264; João Paulo II, Carta enc. *Centesimus annus* (1º de maio de 1991), 32: *AAS* 83 (1991), 832-833.

mirem uma ou outra das configurações previstas pelas normas jurídicas torna-se secundário relativamente à sua disponibilidade a conceber o lucro como um instrumento para alcançar finalidades de humanização do mercado e da sociedade. É desejável que estas novas formas de empresa também encontrem, em todos os países, adequada configuração jurídica e fiscal. Sem nada tirar à importância e utilidade econômica e social das formas tradicionais de empresa, fazem evoluir o sistema para uma assunção mais clara e perfeita dos deveres por parte dos sujeitos econômicos. E não só... *A própria pluralidade das formas institucionais de empresa gera um mercado mais humano e simultaneamente mais competitivo.*

47. O fortalecimento das diversas tipologias de empresa, mormente das que são capazes de conceber o lucro como um instrumento para alcançar finalidades de humanização do mercado e das sociedades, deve ser procurado também nos países que sofrem exclusão ou marginalização dos circuitos da economia global, onde é muito importante avançar com projetos de subsidiariedade devidamente concebida e gerida que tendam a potenciar os direitos, mas prevendo sempre também a assunção das correlativas responsabilidades. Nas *intervenções em prol do desenvolvimento*, há que salvaguardar o princípio da *centralidade da pessoa humana*, que é o sujeito que primariamente deve assumir

o dever do desenvolvimento. A preocupação principal é a melhoria das situações de vida das pessoas concretas de certa região, para que possam desempenhar aqueles deveres que atualmente a indigência não lhes permite respeitar. A solicitude nunca pode ser uma atitude abstrata. Para poderem adaptar-se às diversas situações, os programas de desenvolvimento devem ser flexíveis; e as pessoas beneficiárias deveriam estar envolvidas diretamente na sua delineação e tornar-se protagonistas da sua atuação. É necessário também aplicar os critérios da progressão e do acompanhamento — incluindo a monitorização dos resultados —, porque não há receitas válidas universalmente; depende muito da gestão concreta das intervenções. "São os povos os autores e primeiros responsáveis do próprio desenvolvimento. Mas não o poderão realizar isolados."[10] Esta advertência de Paulo VI é ainda mais válida hoje, com o processo de progressiva integração que se vai consolidando na terra. As dinâmicas de inclusão não têm nada de mecânico. As soluções hão de ser calibradas olhando a vida dos povos e das pessoas concretas com base numa ponderada avaliação de cada situação. Ao lado dos macroprojetos servem os microprojetos, e sobretudo serve a mobilização real de todos os sujeitos da sociedade civil, das pessoas tanto jurídicas como físicas.

---

[10] Paulo VI, Carta enc. *Populorum progressio* (26 de março de 1967), 77: *AAS* 59 (1967), 295.

A *cooperação internacional* precisa de pessoas que partilhem o processo de desenvolvimento econômico e humano, através da solidariedade feita de presença, acompanhamento, formação e respeito. Sob este ponto de vista, os próprios organismos internacionais deveriam interrogar-se sob a real eficácia dos seus aparatos burocráticos e administrativos, frequentemente muito dispendiosos. Às vezes sucede que o destinatário das ajudas seja utilizado em função de quem o ajuda e que os pobres sirvam para manter de pé dispendiosas organizações burocráticas que reservam para sua própria conservação percentagens demasiado elevadas dos recursos que, em vez, deveriam ser aplicados no desenvolvimento. Nesta perspectiva, seria desejável que todos os organismos internacionais e as organizações não governamentais se comprometessem a uma plena transparência, informando os doadores e a opinião pública acerca da percentagem de fundos recebidos destinada aos programas de cooperação, acerca do verdadeiro conteúdo de tais programas e, por último, acerca da configuração das despesas da própria instituição.

48. O tema do desenvolvimento aparece, hoje, estreitamente associado também com os deveres que nascem do *relacionamento do homem com o ambiente natural*. Este foi dado por Deus a todos, constituindo o seu uso uma responsabilidade que temos para com

os pobres, as gerações futuras e a humanidade inteira. Quando a natureza, a começar pelo ser humano, é considerada como fruto do acaso ou do determinismo evolutivo, a noção da referida responsabilidade debilita-se nas consciências. Na natureza, o crente reconhece o resultado maravilhoso da intervenção criadora de Deus, de que o homem se pode responsavelmente servir para satisfazer as suas legítimas exigências — materiais e imateriais — no respeito dos equilíbrios intrínsecos da própria criação. Se falta esta perspectiva, o homem acaba ou por considerar a natureza um tabu intocável ou, ao contrário, por abusar dela. Nem uma nem outra destas atitudes corresponde à visão cristã da natureza, fruto da criação de Deus.

A natureza é expressão de um desígnio de amor e de verdade. Precede-nos, tendo-nos sido dada por Deus como ambiente de vida. Fala-nos do Criador (cf. *Rm* 1,20) e do seu amor pela humanidade. Está destinada, no fim dos tempos, a ser "instaurada" em Cristo (cf. *Ef* 1,9-10; *Cl* 1,19-20). Por conseguinte, também ela é uma "vocação".[11] A natureza está à nossa disposição, não como "um monte de lixo espalhado ao acaso",[12] mas como um dom do Criador que traçou os seus or-

---

[11] João Paulo II, *Mensagem para o Dia Mundial da Paz 1990*, 6: *AAS* 82 (1990), 150.

[12] Heráclito de Éfeso (± 535-475 a.C.), Fragmento 22B124, in H. Diels-W. Kranz, *Die Fragmente der Vorsokratiker* (Weidmann, Berlim [6]1952).

denamentos intrínsecos, dos quais o homem há de tirar as devidas orientações para a "guardar e cultivar" (*Gn* 2,15). Mas é preciso sublinhar também que é contrário ao verdadeiro desenvolvimento considerar a natureza mais importante do que a própria pessoa humana. Esta posição induz a comportamentos neopagãos ou a um novo panteísmo: só da natureza, entendida em sentido puramente naturalista, não pode derivar a salvação para o homem. Por outro lado, há que rejeitar também a posição oposta, que visa à sua completa tecnicização, porque o ambiente natural não é apenas matéria de que dispor a nosso bel-prazer, mas obra admirável do Criador, contendo nela uma "gramática" que indica finalidades e critérios para uma utilização sapiente, não instrumental nem arbitrária. Advêm, hoje, muitos danos ao desenvolvimento precisamente destas concepções deformadas. Reduzir completamente a natureza a um conjunto de simples dados reais acaba por ser fonte de violência contra o ambiente e até por motivar ações desrespeitosas da própria natureza do homem. Esta, constituída não só de matéria mas também de espírito e, como tal, rica de significados e de fins transcendentes a alcançar, tem um caráter normativo também para a cultura. O homem interpreta e modela o ambiente natural através da cultura, a qual, por sua vez, é orientada por meio da liberdade responsável, atenta aos ditames da lei moral. Por isso, os projetos para um desenvolvimento humano integral não podem ignorar os vindouros, mas devem ser animados pela solidariedade e a *justiça entre as gerações*, tendo em conta os diversos âmbitos: ecológico, jurídico, econômico, político, cultural.[13]

49. Hoje, as questões relacionadas com o cuidado e a preservação do ambiente devem ter na devida consideração as *problemáticas energéticas*. De fato, o açambarcamento dos recursos energéticos não renováveis por parte de alguns Estados, grupos de poder e empresas constitui um grave impedimento para o desenvolvimento dos países pobres. Estes não têm os meios econômicos para chegar às fontes energéticas não renováveis que existem, nem para financiar a pesquisa de fontes novas e alternativas. A monopolização dos recursos naturais, que em muitos casos se encontram precisamente nos países pobres, gera exploração e frequentes conflitos entre as nações e dentro das mesmas. E muitas vezes estes conflitos são travados precisamente no território de tais países, com um pesado balanço em termos de mortes, destruições e maior degradação. A comunidade internacional tem o imperioso dever de encontrar as vias institucionais para regular a exploração dos recursos não renováveis,

---

[13] Cf. Pont. Conselho "Justiça e Paz", *Compêndio da Doutrina Social da Igreja*, nn. 451-487.

com a participação também dos países pobres, de modo a planificar em conjunto o futuro.

Também sobre este aspecto, há *urgente necessidade moral de uma renovada solidariedade*, especialmente nas relações entre os países em vias de desenvolvimento e os países altamente industrializados.[14] As sociedades tecnicamente avançadas podem e devem diminuir o consumo energético, seja porque as atividades manufatureiras evoluem, seja porque entre os seus cidadãos reina maior sensibilidade ecológica. Além disso há que acrescentar que, atualmente, é possível melhorar a eficiência energética e fazer avançar a pesquisa de energias alternativas; mas é necessária também uma redistribuição mundial dos recursos energéticos, de modo que os próprios países desprovidos possam ter acesso aos mesmos. O seu destino não pode ser deixado nas mãos do primeiro a chegar nem estar sujeito à lógica do mais forte. Trata-se de problemas relevantes que, para ser enfrentados de modo adequado, requerem da parte de todos uma responsável tomada de consciência das consequências que recairão sobre as novas gerações, principalmente sobre a imensidão de jovens presentes nos povos pobres, que "reclamam a sua parte ativa na construção de um mundo melhor".[15]

---

[14] Cf. João Paulo II, *Mensagem para o Dia Mundial da Paz 1990*, 10: *AAS* 82 (1990), 152-153.

[15] Paulo VI, Carta enc. *Populorum progressio* (26 de março de 1967), 65: *AAS* 59 (1967), 289.

50. Esta responsabilidade é global, porque não diz respeito somente à energia, mas a toda a criação, que não devemos deixar às novas gerações depauperada dos seus recursos. É lícito ao homem exercer um *governo responsável sobre a natureza* para a guardar, fazer frutificar e cultivar inclusive com formas novas e tecnologias avançadas, para que possa acolher e alimentar condignamente a população que a habita. Há espaço para todos nesta nossa terra: aqui a família humana inteira deve encontrar os recursos necessários para viver decorosamente, com a ajuda da própria natureza, dom de Deus aos seus filhos, e com o empenho do seu próprio trabalho e inventiva. Devemos, porém, sentir como gravíssimo o dever de entregar a terra às novas gerações num estado tal que também elas possam dignamente habitá-la e continuar a cultivá--la. Isto implica "o empenho de decidir juntos depois de ter ponderado responsavelmente qual a estrada a percorrer, com o objetivo de reforçar aquela *aliança entre ser humano e ambiente* que deve ser espelho do amor criador de Deus, de Quem provimos e para Quem estamos a caminho".[16] É desejável que a comunidade internacional e os diversos governos saibam contrastar, de maneira eficaz, as modalidades de utilização do ambiente que sejam danosas para o mesmo. É igualmente forçoso que se empreendam, por parte das autoridades competentes, todos os esforços necessários para que

---

[16] Bento XVI, *Mensagem para o Dia Mundial da Paz 2008*, 7: *AAS* 100 (2008), 41.

os custos econômicos e sociais derivados do uso dos recursos ambientais comuns sejam reconhecidos de maneira transparente e plenamente suportados por quem deles usufrui e não por outras populações nem pelas gerações futuras: a proteção do ambiente, dos recursos e do clima requer que todos os responsáveis internacionais atuem conjuntamente e se demonstrem prontos a agir de boa-fé, no respeito da lei e da solidariedade para com as regiões mais débeis da terra.[17] Uma das maiores tarefas da economia é precisamente um uso mais eficiente dos recursos, não o abuso, tendo sempre presente que a noção de eficiência não é axiologicamente neutra.

51. *As modalidades com que o homem trata o ambiente influem sobre as modalidades com que trata a si mesmo, e vice-versa.* Isto chama a sociedade atual a uma séria revisão do seu estilo de vida que, em muitas partes do mundo, pende para o hedonismo e o consumismo, sem olhar aos danos que daí derivam.[18] É necessária uma real mudança de mentalidade que nos induza a adotar *novos estilos de vida*, "nos quais a busca do verdadeiro, do belo e do bom e a comunhão com os outros homens para um crescimento comum sejam os elementos que determinam as opções dos

---

[17] Cf. Bento XVI, *Discurso aos participantes na Assembleia Geral das Nações Unidas* (18 de abril de 2008): *Insegnamenti* IV//1 (2008), 618-626.

[18] Cf. João Paulo II, *Mensagem para o Dia Mundial da Paz 1990*, 13: *AAS* 82 (1990), 154-155.

consumos, das poupanças e dos investimentos".[19] Toda a lesão da solidariedade e da amizade cívica provoca danos ambientais, assim como a degradação ambiental por sua vez gera insatisfação nas relações sociais. A natureza, especialmente no nosso tempo, está tão integrada nas dinâmicas sociais e culturais que quase já não constitui uma variável independente. A desertificação e a penúria produtiva de algumas áreas agrícolas são fruto também do empobrecimento das populações que as habitam e do seu atraso. Incentivando o desenvolvimento econômico e cultural daquelas populações, tutela-se também a natureza. Além disso, quantos recursos naturais são devastados pela guerra! A paz dos povos e entre os povos permitiria também uma maior preservação da natureza. O açambarcamento dos recursos, especialmente da água, pode provocar graves conflitos entre as populações envolvidas. Um acordo pacífico sobre o uso dos recursos pode salvaguardar a natureza e, simultaneamente, o bem-estar das sociedades interessadas.

A Igreja sente o seu peso de responsabilidade pela criação e deve fazer valer esta responsabilidade também em público. Ao fazê-lo, não tem apenas de defender a terra, a água e o ar como dons da criação que pertencem a todos, mas deve sobretudo proteger

---

[19] João Paulo II, Carta enc. *Centesimus annus* (1º de maio de 1967), 36: *AAS* 83 (1991), 838-840.

o homem da destruição de si mesmo. Requer-se uma espécie de ecologia do homem, entendida no justo sentido. De fato, a degradação da natureza está estreitamente ligada à cultura que molda a convivência humana: *quando a "ecologia humana"*[20] *é respeitada dentro da sociedade, beneficia também a ecologia ambiental.* Tal como as virtudes humanas são intercomunicantes, de modo que o enfraquecimento de uma põe em risco também as outras, assim também o sistema ecológico se rege sobre o respeito de um projeto que se refere tanto à sã convivência em sociedade como ao bom relacionamento com a natureza.

Para preservar a natureza não basta intervir com incentivos ou penalizações econômicas, nem é suficiente uma instrução adequada. Trata-se de instrumentos importantes, mas *o problema decisivo é a solidez moral da sociedade em geral.* Se não é respeitado o direito à vida e à morte natural, se se torna artificial a concepção, a gestação e o nascimento do homem, se são sacrificados embriões humanos na pesquisa, a consciência comum acaba por perder o conceito de ecologia humana e, com ele, o de ecologia ambiental. É uma contradição pedir às novas gerações o respeito do ambiente natural, quando a educação e as leis não as ajudam a respeitar-se a si mesmas. O livro da natureza é uno e indivisível, tanto sobre a vertente do ambiente

---

[20] *Ibid.*, 38: *o.c.*, 840-841; cf. Bento XVI, *Mensagem para o Dia Mundial da Paz 2007*, 8: *Insegnamenti* II/2 (2006), 779.

como sobre a vertente da vida, da sexualidade, do matrimônio, da família, das relações sociais, numa palavra, do desenvolvimento humano integral. Os deveres que temos para com o ambiente estão ligados com os deveres que temos para com a pessoa considerada em si mesma e em relação com os outros; não se podem exigir uns e espezinhar os outros. Esta é uma grave antinomia da mentalidade e do costume atual, que avilta a pessoa, transtorna o ambiente e prejudica a sociedade.

52. A verdade e o amor que a mesma desvenda não se podem produzir, mas apenas acolher. A sua fonte última não é — nem pode ser — o homem, mas Deus, ou seja, Aquele que é Verdade e Amor. Este princípio é muito importante para a sociedade e para o desenvolvimento, enquanto nem uma nem outro podem ser somente produtos humanos; a própria vocação ao desenvolvimento das pessoas e dos povos não se funda sobre a simples deliberação humana, mas está inscrita num plano que nos precede e constitui para todos nós um dever que há de ser livremente assumido. Aquilo que nos precede e constitui — o Amor e a Verdade subsistentes — indica-nos o que é o bem e em que consiste a nossa felicidade. E, por conseguinte, *aponta-nos o caminho para o verdadeiro desenvolvimento.*

Capítulo V

A COLABORAÇÃO
DA FAMÍLIA HUMANA

53. Uma das pobrezas mais profundas que o homem pode experimentar é a solidão. Vistas bem as coisas, as outras pobrezas, incluindo a material, também nascem do isolamento, de não ser amado ou da dificuldade de amar. As pobrezas frequentemente nasceram da recusa do amor de Deus, de uma originária e trágica reclusão do homem em si próprio, que pensa que se basta a si mesmo ou então que é só um fato insignificante e passageiro, um "estrangeiro" num universo formado por acaso. O homem aliena-se quando fica sozinho ou se afasta da realidade, quando renuncia a pensar e a crer num Fundamento.[1] A humanidade inteira aliena-se quando se entrega a projetos unicamente humanos, a ideologias e a falsas utopias.[2] A humanidade aparece, hoje, muito mais interativa do que no passado: esta maior proximidade deve transformar-se em verdadeira comunhão. *O desenvolvimento dos*

---

[1] Cf. João Paulo II, Carta enc. *Centesimus annus* (1º de maio de 2009), 41: *AAS* 83 (1991), 843-845.

[2] Cf. *ibid.*, 41: *o.c.*, 843-845.

povos depende sobretudo do reconhecimento de que são uma só família, a qual colabora em verdadeira comunhão e é formada por sujeitos que não se limitam a viver uns ao lado dos outros.[3]

Observava Paulo VI que "o mundo sofre por falta de convicções".[4] A afirmação quer exprimir não apenas uma constatação, mas sobretudo um voto: serve um novo ímpeto do pensamento para compreender melhor as implicações do fato de sermos uma família; a interação entre os povos da terra chama-nos a este ímpeto, para que a integração se verifique sob o signo da solidariedade,[5] e não da marginalização. Tal pensamento obriga a um *aprofundamento crítico e axiológico da categoria relação*. Trata-se de uma tarefa que não pode ser desempenhada só pelas ciências sociais, mas requer a contribuição de ciências como a metafísica e a teologia para ver lucidamente a dignidade transcendente do homem.

---

[3] Cf. João Paulo II, Carta enc. *Evangelium viae* (25 de março de 1995), 20: *AAS* 87 (1995), 422-424.

[4] Carta enc. *Populorum progressio* (26 de março de 1967), 85: *AAS* 59 (1967), 298-299.

[5] Cf. João Paulo II, *Mensagem para o Dia Mundial da Paz 1998*, 3: *AAS* 90 (1998), 150; *Discurso aos Membros da Fundação "Centesimus annus"* (9 de maio de 1998), 2: *Insegnamenti* XXI/1 (1998), 873-874; *Discurso às Autoridades Civis e Políticas e ao Corpo Diplomático durante o encontro no "Wiener Hofburg"* (20 de junho de 1998), 8: *Insegnamenti* XXI/1 (1998), 1435-1436; *Mensagem ao Reitor Magnífico da Universidade Católica "Sacro Cuore" por ocasião do Dia Anual desta Instituição* (5 de maio de 2000), 6: *Insegnamenti* XXIII/1 (2000), 759-760.

De natureza espiritual, a criatura humana realiza-se nas relações interpessoais: quanto mais as vive de forma autêntica, tanto mais amadurece a própria identidade pessoal. Não é se isolando que o homem se valoriza, mas relacionando-se com os outros e com Deus, pelo que estas relações são de importância fundamental. Isto vale também para os povos; por isso é muito útil para o seu desenvolvimento uma visão metafísica da relação entre as pessoas. A tal respeito, a razão encontra inspiração e orientação na revelação cristã, segundo a qual a comunidade dos homens não absorve em si a pessoa aniquilando a sua autonomia, como acontece nas várias formas de totalitarismo, mas a valoriza ainda mais porque a relação entre pessoa e comunidade é feita de um todo para outro todo.[6] Do mesmo modo que a comunidade familiar não anula em si as pessoas que a compõem e a própria Igreja valoriza plenamente a "nova criatura" (*Gl* 6,15; *2Cor* 5,17) que pelo batismo se insere no seu Corpo vivo, assim também a unidade da família humana não anula em si as pessoas, os povos e as culturas, mas torna-os mais transparentes reciprocamente, mais unidos nas suas legítimas diversidades.

---

[6] Segundo São Tomás, "ratio partis contrariatur rationi personæ", in *III Sent*. d. 5, 3, 2; e ainda "homo non ordinatur ad communitatem politicam secundum se totum et secundum omnia sua", in *Summa Theologiæ* I-II, q. 21, a. 4, ad 3um.

54. O tema do desenvolvimento coincide com o da inclusão relacional de todas as pessoas e de todos os povos na única comunidade da família humana, que se constrói na solidariedade tendo por base os valores fundamentais da justiça e da paz. Esta perspectiva encontra um decisivo esclarecimento na relação entre as Pessoas da Trindade na única Substância divina. A Trindade é absoluta unidade, enquanto as três Pessoas divinas são pura relação. A transparência recíproca entre as Pessoas divinas é plena, e a ligação de uma com a outra total, porque constituem uma unidade e unicidade absoluta. Deus quer-nos associar também a esta realidade de comunhão: "para que sejam um como nós somos um" (*Jo* 17,22). A Igreja é sinal e instrumento desta unidade.[7] As próprias relações entre os homens, ao longo da história, só podem ganhar com a referência a este Modelo divino. De modo particular compreende-se, *à luz do mistério revelado da Trindade*, que a verdadeira abertura não significa dispersão centrífuga, mas profunda compenetração. O mesmo resulta das experiências humanas comuns do amor e da verdade. Como o amor sacramental entre os esposos os une espiritualmente a ponto de formarem "uma só carne" (*Gn* 2,24; *Mt* 19,5; *Ef* 5,31) e, de dois que eram, faz uma unidade relacional e real, de forma análoga a verdade une os espíritos entre si e fá-los pensar em uníssono, atraindo-os e unindo-os nela.

---

[7] Cf. Conc. Ecum. Vat. II, Const. dogm. sobre a Igreja *Lumen gentium*, 1.

55. A revelação cristã sobre a unidade do gênero humano pressupõe *uma interpretação metafísica do* humanum *na qual a relação seja elemento essencial.* Também outras culturas e outras religiões ensinam a fraternidade e a paz, revestindo-se, por isso, de grande importância para o desenvolvimento humano integral; mas não faltam comportamentos religiosos e culturais em que não se assume plenamente o princípio do amor e da verdade, e acaba-se assim por refrear o verdadeiro desenvolvimento humano ou mesmo impedi-lo. O mundo atual registra a presença de algumas culturas de matiz religioso que não empenham o homem na comunhão, mas isolam-no na busca do bem-estar individual, limitando-se a satisfazer os seus anseios psicológicos. Também uma certa proliferação de percursos religiosos de pequenos grupos ou mesmo de pessoas individuais e o sincretismo religioso podem ser fatores de dispersão e de apatia. Um possível efeito negativo do processo de globalização é a tendência a favorecer tal sincretismo,[8] alimentando formas de "religião" que, em vez de fazer as pessoas encontrarem-se, alheiam-nas umas das outras e afastam-nas da realidade. Simultaneamente às vezes perduram legados culturais e religiosos que bloqueiam a sociedade em castas sociais estáticas, em crenças mágicas não respeitadoras da dignidade

---

[8] Cf. João Paulo II, *Discurso aos participantes na Sessão Pública das Academias Pontifícias de Teologia e de São Tomás de Aquino* (8 de novembro de 2001), 3: *Insegnamenti* XXIX/2 (2001), 676-677.

da pessoa, em comportamentos de sujeição a forças ocultas. Nestes contextos, o amor e a verdade encontram dificuldade em afirmar-se, com prejuízo para o autêntico desenvolvimento.

Por este motivo, se é verdade, por um lado, que o desenvolvimento tem necessidade das religiões e das culturas dos diversos povos, por outro, não o é menos a necessidade de um adequado discernimento. A liberdade religiosa não significa indiferentismo religioso, nem implica que todas as religiões sejam iguais.[9] Para a construção da comunidade social no respeito do bem comum, torna-se necessário, sobretudo para quem exerce o poder político, o discernimento sobre o contributo das culturas e das religiões. Tal discernimento deverá basear-se sobre o critério da caridade e da verdade. Dado que está em jogo o desenvolvimento das pessoas e dos povos, aquele há de ter em conta a possibilidade de emancipação e de inclusão na perspectiva de uma comunidade humana verdadeiramente universal. O critério "o homem todo e todos os homens" serve para avaliar também as culturas e as religiões.

---

[9] Cf. Congr. da Doutrina da Fé, Decl. sobre a unicidade e universalidade salvífica de Jesus Cristo e da Igreja *Dominus Iesus* (6 de agosto 2000), 22: *AAS* 92 (2000), 763-764; Nota doutrinal sobre algumas questões relativas à participação e comportamento dos católicos na vida política (24 de novembro de 2002), 8: *L'Osservatore Romano* (ed. portuguesa de 25/I/2005), 11.

O cristianismo, religião do "Deus de rosto humano",[10] traz em si mesmo tal critério.

56. A religião cristã e as outras religiões só podem dar o seu contributo para o desenvolvimento, *se Deus encontrar lugar também na esfera pública*, nomeadamente nas dimensões cultural, social, econômica e particularmente política. A doutrina social da Igreja nasceu para reivindicar este "estatuto de cidadania"[11] da religião cristã. A negação do direito de professar publicamente a própria religião e de fazer com que as verdades da fé moldem a vida pública, acarreta consequências negativas para o verdadeiro desenvolvimento. A exclusão da religião do âmbito público e, na vertente oposta, o fundamentalismo religioso impedem o encontro entre as pessoas e a sua colaboração para o progresso da humanidade. A vida pública torna-se pobre de motivações, e a política assume um rosto oprimente e agressivo. Os direitos humanos correm o risco de não ser respeitados, ou porque ficam privados do seu fundamento transcendente ou porque não é reconhecida a liberdade pessoal. No laicismo e no fun-

---

[10] Bento XVI, Carta enc. *Spe salvi* (30 de novembro de 2007), 31: *AAS* 99 (2007), 1010; *Discurso aos participantes no IV Congresso Eclesial Nacional da Igreja que está em Itália* (19 de outubro de 2006): *Insegnamenti* II/2 (2006), 465-477.

[11] João Paulo II, Carta enc. *Centesimus annus* (1º de maio de 1991), 5: *AAS* 83 (1991), 798-800; cf. Bento XVI, *Discurso aos participantes no IV Congresso Eclesial Nacional da Igreja que está em Itália* (19 de outubro de 2006): *Insegnamenti* II/2 (2006), 471.

damentalismo, perde-se a possibilidade de um diálogo fecundo e de uma profícua colaboração entre a razão e a fé religiosa. *A razão tem sempre necessidade de ser purificada pela fé*; e isto vale também para a razão política, que não se deve crer onipotente. *A religião, por sua vez, precisa sempre ser purificada pela razão*, para mostrar o seu autêntico rosto humano. A ruptura deste diálogo implica um custo muito gravoso para o desenvolvimento da humanidade.

57. O diálogo fecundo entre fé e razão não pode deixar de tornar mais eficaz a ação da caridade na sociedade, e constitui o quadro mais apropriado para incentivar a *colaboração fraterna entre crentes e não crentes* na perspectiva comum de trabalhar pela justiça e a paz da humanidade. Na constituição pastoral *Gaudium et spes*, os Padres conciliares afirmavam: "Tudo quanto existe sobre a terra deve ser ordenado em função do homem, como seu centro e seu termo: neste ponto existe um acordo quase geral entre crentes e não crentes".[12] Segundo os crentes, o mundo não é fruto do acaso nem da necessidade, mas de um projeto de Deus. Daqui nasce o dever de que os crentes têm de unir os seus esforços com todos os homens e mulheres de boa vontade de outras religiões ou não crentes, para que este nosso mundo corresponda efetivamente ao

---

[12] N. 12.

projeto divino: viver como uma família, sob o olhar do seu Criador. Particular manifestação da caridade e critério orientador para a colaboração fraterna de crentes e não crentes é, sem dúvida, o *princípio de subsidiariedade*,[13] expressão da inalienável liberdade humana. A subsidiariedade é, antes de mais nada, uma ajuda à pessoa, na autonomia dos corpos intermédios. Tal ajuda é oferecida quando a pessoa e os sujeitos sociais não conseguem operar por si sós, e implica sempre finalidades emancipativas, porque favorece a liberdade e a participação enquanto assunção de responsabilidades. A subsidiariedade respeita a dignidade da pessoa, na qual vê um sujeito sempre capaz de dar algo aos outros. Ao reconhecer na reciprocidade a constituição íntima do ser humano, a subsidiariedade é o antídoto mais eficaz contra toda forma de assistencialismo paternalista. Pode motivar tanto a múltipla articulação dos vários níveis e consequentemente a pluralidade dos sujeitos, como a sua coordenação. Trata-se, pois, de um princípio particularmente idôneo para governar a globalização e orientá-la para um verdadeiro desenvolvimento humano. Para não se gerar um perigoso poder universal de tipo monocrático, *o governo da globalização deve ser de tipo subsidiário*, articulado segundo vários e diferenciados níveis que colaborem

---

[13] Cf. Pio XI, Carta enc. *Quadragesimo anno* (15 de maio de 1931): *AAS* 23 (1931), 203; João Paulo II, Carta enc. *Centesimus annus* (1º de maio de 1991), 48: *AAS* 83 (1991), 852-854; *Catecismo da Igreja Católica*, n. 1883.

reciprocamente. A globalização tem necessidade, sem dúvida, de autoridade, enquanto põe o problema de um bem comum global a alcançar; mas tal autoridade deverá ser organizada de modo subsidiário e poliárquico,[14] seja para não lesar a liberdade, seja para resultar concretamente eficaz.

58. *O princípio de subsidiariedade há de ser mantido estritamente ligado com o princípio de solidariedade e vice-versa*, porque, se a subsidiariedade sem a solidariedade decai no particularismo social, a solidariedade sem a subsidiariedade decai no assistencialismo que humilha o sujeito necessitado. Esta regra de caráter geral deve ser tida em grande consideração também quando se enfrentam as temáticas referentes às *ajudas internacionais destinadas ao desenvolvimento*. Estas, independentemente das intenções dos doadores, podem por vezes manter um povo num estado de dependência e até favorecer situações de sujeição local e de exploração dentro do país ajudado. Para serem verdadeiramente tais, as ajudas econômicas não devem visar a segundos fins. Hão de ser concedidas envolvendo não só os governos dos países interessados, mas também os agentes econômicos locais e os sujeitos da sociedade civil portadores de cultura, incluindo as Igrejas locais. Os programas de ajuda devem assumir

---

[14] Cf. João XXIII, Carta enc. *Pacem in terris* (11 de abril de 1963): *AAS* 55 (1963), 274.

sempre mais as características de programas integrados e participados a partir de baixo. A verdade é que o maior recurso a valorizar nos países que são assistidos no desenvolvimento é o recurso humano: este é o autêntico capital que se há de fazer crescer para assegurar aos países mais pobres um verdadeiro futuro autônomo. Há que recordar também que, no campo econômico, a principal ajuda de que têm necessidade os países em vias de desenvolvimento é a de permitir e favorecer a progressiva inserção dos seus produtos nos mercados internacionais, tornando possível assim a sua plena participação na vida econômica internacional. Muitas vezes, no passado, as ajudas serviram apenas para criar mercados marginais para os produtos destes países. Isto, frequentemente, fica a dever-se à falta de uma verdadeira procura destes produtos; por isso, é necessário ajudar tais países a melhorar os seus produtos e a adaptá-los melhor à procura. Além disso, alguns temem a concorrência das importações de produtos, normalmente agrícolas, provenientes dos países economicamente pobres; contudo devem-se recordar que, para estes países, a possibilidade de comercializar tais produtos significa muitas vezes garantir a sua sobrevivência a curto e longo prazos. Um comércio internacional justo e equilibrado no campo agrícola pode trazer benefícios a todos, quer do lado da oferta quer do lado da procura. Por este motivo, é preciso não só orientar comercialmente estas produções, mas também estabelecer regras comerciais internacionais que as apoiem e reforçar o financiamento ao desenvolvimento para tornar mais produtivas estas economias.

59. *A cooperação no desenvolvimento* não deve limitar-se apenas à dimensão econômica, mas há de tornar-se uma grande *ocasião de encontro cultural e humano.* Se os sujeitos da cooperação dos países economicamente desenvolvidos não têm em conta — como às vezes sucede — a identidade cultural, própria e alheia, feita de valores humanos, não podem instaurar algum diálogo profundo com os cidadãos dos países pobres. Se estes, por sua vez, se abrem indiferentemente e sem discernimento a qualquer proposta cultural, ficam sem condições para assumir a responsabilidade do seu autêntico desenvolvimento.[15] As sociedades tecnologicamente avançadas não devem confundir o próprio desenvolvimento tecnológico com uma suposta superioridade cultural, mas hão de descobrir em si próprias virtudes, por vezes esquecidas, que as fizeram florescer ao longo da história. As sociedades em crescimento devem permanecer fiéis a tudo o que há de verdadeiramente humano nas suas tradições, evitando de lhe sobrepor automaticamente os mecanismos da civilização tecnológica globalizada. Existem, em todas

---

[15] Cf. Paulo VI, Carta enc. *Populorum progressio* (26 de março de 1967), 10.41: *AAS* 59 (1967), 262.277-278.

as culturas, singulares e variadas convergências éticas, expressão de uma mesma natureza humana querida pelo Criador e que a sabedoria ética da humanidade chama lei natural.[16] Esta lei moral universal é um fundamento firme de todo o diálogo cultural, religioso e político e permite que o multiforme pluralismo das várias culturas não se desvie da busca comum da verdade, do bem e de Deus. Por isso, a adesão a esta lei escrita nos corações é o pressuposto de qualquer colaboração social construtiva. Em todas as culturas existem pesos de que libertar-se, sombras a que subtrair-se. A fé cristã, que se encarna nas culturas transcendendo-as, pode ajudá-las a crescer na fraternização e solidariedade universais com benefício para o desenvolvimento comunitário e mundial.

60. Quando se procurarem soluções para a crise econômica atual, *a ajuda ao desenvolvimento dos países pobres deve ser considerada como verdadeiro instrumento de criação de riqueza para todos*. Que projeto de ajuda pode abrir perspectivas tão significativas de mais-valia — mesmo da economia mundial — como o apoio a populações que se encontram ainda numa fase inicial ou pouco avançada do seu processo de

---

[16] Cf. Bento XVI, *Discurso aos membros da Comissão Teológica Internacional* (5 de outubro de 2007): *Insegnamenti* III/2 (2007), 418-421; *Discurso aos participantes no Congresso internacional sobre "Lei Moral Natural" promovido pelo Pontifícia Universidade Lateranense* (12 de fevereiro de 2007): *Insegnamenti* III/1 (2007), 209-212.

desenvolvimento econômico? Nesta linha, os Estados economicamente mais desenvolvidos hão de fazer o possível por destinar quotas maiores do seu produto interno bruto para as ajudas ao desenvolvimento, respeitando os compromissos que, sobre este ponto, foram tomados a nível de comunidade internacional. Poderão fazê-lo inclusivamente revendo as políticas internas de assistência e de solidariedade social, aplicando-lhes o princípio de subsidiariedade e criando sistemas mais integrativos de previdência social, com a participação ativa dos sujeitos privados e da sociedade civil. Deste modo, pode-se até melhorar os serviços sociais e de assistência e simultaneamente poupar recursos, eliminando desperdícios e subvenções abusivas, para destinar à solidariedade internacional. Um sistema de solidariedade social melhor comparticipado e organizado, menos burocrático sem ficar menos coordenado, permitiria valorizar muitas energias, hoje adormecidas, em benefício também da solidariedade entre os povos.

Uma possibilidade de ajuda para o desenvolvimento poderia derivar da aplicação eficaz da chamada subsidiariedade fiscal, que permitiria aos cidadãos decidirem a destinação de quotas dos seus impostos versados ao Estado. Evitando degenerações particularistas, isso pode servir de incentivo para formas de solidariedade social a partir de baixo, com óbvios benefícios também na vertente da solidariedade para o desenvolvimento.

61. Uma solidariedade mais ampla a nível internacional exprime-se, antes de mais nada, continuando a promover, mesmo em condições de crise econômica, *maior acesso à educação*, já que esta é condição essencial para a eficácia da própria cooperação internacional. Com o termo "educação" não se pretende referir apenas à instrução escolar ou à formação para o trabalho — ambas, causas importantes de desenvolvimento — mas à formação completa da pessoa. A este propósito, deve-se sublinhar um aspecto do problema: para educar, é preciso saber quem é a pessoa humana, conhecer a sua natureza. A progressiva difusão de uma visão relativista desta coloca sérios problemas à educação, sobretudo à educação moral, prejudicando a sua extensão a nível universal. Cedendo a tal relativismo, ficam todos mais pobres, com consequências negativas também sobre a eficácia da ajuda às populações mais carecidas, que não têm necessidade apenas de meios econômicos ou técnicos, mas também de métodos e meios pedagógicos que ajudem as pessoas a chegar à sua plena realização humana.

Um exemplo da relevância deste problema temo--lo no fenômeno do *turismo internacional*,[17] que pode constituir notável fator de desenvolvimento econômico

---

[17] Cf. Bento XVI, *Discurso aos membros da Conferência Episcopal da Tailândia em "Visita ad Limina"* (16 de maio de 2008): *Insegnamenti* IV/1 (2008), 798-801.

e de crescimento cultural, mas pode também transformar-se em ocasião de exploração e degradação moral. A situação atual oferece singulares oportunidades para que os aspectos econômicos do desenvolvimento, ou seja, os fluxos de dinheiro e o nascimento em sede local de significativas experiências empresariais, cheguem a combinar-se com os aspectos culturais, sendo o educativo o primeiro deles. Há casos onde isso ocorre, mas em muitos outros o turismo internacional é fenômeno deseducativo tanto para o turista como para as populações locais. Com frequência, estas são confrontadas com comportamentos imorais ou mesmo perversos, como no caso do chamado turismo sexual, em que são sacrificados muitos seres humanos, mesmo de tenra idade. É doloroso constatar que isto acontece frequentemente com o aval dos governos locais, com o silêncio dos governos donde provêm os turistas e com a cumplicidade de muitos agentes do setor. Mesmo quando não se chega tão longe, o turismo internacional não raramente é vivido de modo consumista e hedonista, como evasão e com modalidades de organização típicas dos países de proveniência, e assim não se favorece um verdadeiro encontro entre pessoas e culturas. Por isso, é preciso pensar num turismo diverso, capaz de promover verdadeiro conhecimento recíproco, sem tirar espaço ao repouso e ao são divertimento: um turismo deste gênero há de ser incrementado, graças também a uma ligação mais estreita com as experiências de cooperação internacional e de empresariado para o desenvolvimento.

62. Outro aspecto merecedor de atenção, ao tratar do desenvolvimento humano integral, é o fenômeno das *migrações*. É um fenômeno impressionante pela quantidade de pessoas envolvidas, pelas problemáticas sociais, econômicas, políticas, culturais e religiosas que levanta, pelos desafios dramáticos que coloca às comunidades nacional e internacional. Pode-se dizer que estamos perante um fenômeno social de natureza epocal, que requer uma forte e clarividente política de cooperação internacional para ser convenientemente enfrentado. Esta política há de ser desenvolvida a partir de uma estreita colaboração entre os países donde partem os emigrantes e os países de chegada; há de ser acompanhada por adequadas normativas internacionais capazes de harmonizar os diversos sistemas legislativos, na perspectiva de salvaguardar as exigências e os direitos das pessoas e das famílias emigradas e, ao mesmo tempo, os das sociedades de chegada dos próprios emigrantes. Nenhum país se pode considerar capaz de enfrentar, sozinho, os problemas migratórios do nosso tempo. Todos somos testemunhas da carga de sofrimentos, contrariedades e aspirações que acompanha os fluxos migratórios. Como é sabido, o fenômeno é de gestão complicada; todavia é certo

que os trabalhadores estrangeiros, não obstante as dificuldades relacionadas com a sua integração, prestam com o seu trabalho um contributo significativo para o desenvolvimento econômico do país de acolhimento e também do país de origem com as remessas monetárias. Obviamente, tais trabalhadores não podem ser considerados como simples mercadoria ou mera força de trabalho; por isso, não devem ser tratados como qualquer outro fator de produção. Todo o imigrante é uma pessoa humana e, enquanto tal, possui direitos fundamentais inalienáveis que hão de ser respeitados por todos em qualquer situação.[18]

63. Ao considerar os problemas do desenvolvimento, não se pode deixar de pôr em evidência o nexo direto entre *pobreza e desemprego*. Em muitos casos, os pobres são o resultado da *violação da dignidade do trabalho humano*, seja porque as suas possibilidades são limitadas (desemprego, subemprego), seja porque são desvalorizados "os direitos que dele brotam, especialmente o direito ao justo salário, à segurança da pessoa do trabalhador e da sua família".[19] Por isso, já no dia 1º de maio de 2000, o meu predecessor João Paulo II, de venerada memória, lançou um apelo,

---

[18] Cf. Pont. Conselho da Pastoral para os Migrantes e os Itinerantes, Instr. *Erga migrantes caritas Christi* (3 de maio de 2004): *AAS* 96 (2004), 762-822.

[19] João Paulo II, Carta enc. *Laborem exercens* (14 de setembro de 1981), 8: *AAS* 73 (1981), 594-598.

por ocasião do Jubileu dos Trabalhadores, para "uma coligação mundial em favor do trabalho decente",[20] encorajando a estratégia da Organização Internacional do Trabalho. Conferia, assim, uma forte valência moral a este objetivo, enquanto aspiração das famílias em todos os países do mundo. Qual é o significado da palavra "decência" aplicada ao trabalho? Significa um trabalho que, em cada sociedade, seja a expressão da dignidade essencial de todo o homem e mulher: um trabalho escolhido livremente, que associe eficazmente os trabalhadores, homens e mulheres, ao desenvolvimento da sua comunidade; um trabalho que, deste modo, permita aos trabalhadores serem respeitados sem qualquer discriminação; um trabalho que consinta satisfazer as necessidades das famílias e dar a escolaridade aos filhos, sem que estes sejam constrangidos a trabalhar; um trabalho que permita aos trabalhadores organizarem-se livremente e fazerem ouvir a sua voz; um trabalho que deixe espaço suficiente para reencontrar as próprias raízes a nível pessoal familiar e espiritual; um trabalho que assegure aos trabalhadores aposentados uma condição decorosa.

64. Ao refletir sobre este tema do trabalho, é oportuna uma chamada de atenção também para a urgente necessidade de as *organizações sindicais dos*

---

[20] Discurso no final da Concelebração Eucarística por ocasião do Jubileu dos Trabalhadores (1º de maio de 2000): *Insegnamenti* XXIII/1 (2000), 720.

trabalhadores — desde sempre encorajadas e apoiadas pela Igreja — se abrirem às novas perspectivas que surgem no âmbito laboral. Superando as limitações próprias dos sindicatos de categoria, as organizações sindicais são chamadas a responsabilizar-se pelos novos problemas das nossas sociedades: refiro-me, por exemplo, ao conjunto de questões que os peritos de ciências sociais identificam no conflito entre pessoa-trabalhadora e pessoa-consumidora. Sem ter necessariamente de abraçar a tese de uma efetiva passagem da centralidade do trabalhador para a do consumidor, parece em todo o caso que também este seja um terreno para experiências sindicais inovadoras. O contexto global em que se realiza o trabalho requer igualmente que as organizações sindicais nacionais, fechadas prevalentemente na defesa dos interesses dos próprios inscritos, volvam o olhar também para os não inscritos, particularmente para os trabalhadores dos países em vias de desenvolvimento, onde frequentemente os direitos sociais são violados. A defesa destes trabalhadores, promovida com oportunas iniciativas também nos países de origem, permitirá às organizações sindicais porem em evidência as autênticas razões éticas e culturais que lhes consentiram, em contextos sociais e laborais diferentes, ser um fator decisivo para o desenvolvimento. Continua sempre válido o ensinamento da Igreja que propõe a distinção de papéis e funções entre sindicato e política. Esta distinção possibilitará às organizações sindicais individualizarem na sociedade civil o âmbito mais ajustado para a sua ação necessária de defesa e promoção do mundo do trabalho, sobretudo a favor dos trabalhadores explorados e não representados, cuja amarga condição resulta frequentemente ignorada pelo olhar distraído da sociedade.

65. Em seguida, é preciso que *as finanças* enquanto tais — com estruturas e modalidades de funcionamento necessariamente renovadas depois da sua má utilização que prejudicou a economia real — voltem a ser um *instrumento que tenha em vista a melhor produção de riqueza e o desenvolvimento*. Enquanto instrumentos, a economia e as finanças em toda a respectiva extensão, e não apenas em alguns dos seus setores, devem ser utilizadas de modo ético a fim de criar as condições adequadas para o desenvolvimento do homem e dos povos. É certamente útil, senão mesmo indispensável em certas circunstâncias, dar vida a iniciativas financeiras nas quais predomine a dimensão humanitária. Isto, porém, não deve fazer esquecer que o inteiro sistema financeiro deve ser orientado para dar apoio a um verdadeiro desenvolvimento. Sobretudo, é necessário que não se contraponha o intuito de fazer o bem ao da efetiva capacidade de produzir bens. Os operadores das finanças devem redescobrir o fundamento ético próprio da sua atividade, para não abusarem de

instrumentos sofisticados que possam atraiçoar os aforradores. Reta intenção, transparência e busca de bons resultados são compatíveis entre si e não devem jamais ser separados. Se o amor é inteligente, sabe encontrar também os modos para agir segundo uma previdente e justa conveniência, como significativamente indicam muitas experiências no campo do crédito cooperativo.

Tanto uma regulamentação do setor capaz de assegurar os sujeitos mais débeis e impedir escandalosas especulações, como a experimentação de novas formas de financiamento destinadas a favorecer projetos de desenvolvimento, são experiências positivas que hão de ser aprofundadas e encorajadas, invocando a *responsabilidade própria do aforrador*. Também a *experiência do micro-financiamento*, que mergulha as próprias raízes na reflexão e nas obras dos humanistas civis (penso nomeadamente no nascimento dos montepios), há de ser revigorada e sistematizada, sobretudo nestes tempos em que os problemas financeiros podem tornar-se dramáticos para muitos setores mais vulneráveis da população, que devem ser tutelados dos riscos de usura ou do desespero. Os sujeitos mais débeis hão de ser educados para se defender da usura, do mesmo modo que os povos pobres devem ser educados para tirar real vantagem do micro-crédito, desencorajando assim as formas de exploração possíveis nestes dois campos. Uma vez que existem novas formas de pobreza também nos países ricos, o micro-financiamento pode proporcionar ajudas concretas para a criação de iniciativas e setores novos em favor das classes débeis da sociedade mesmo numa fase de possível empobrecimento da própria sociedade.

66. A interligação mundial fez surgir um novo poder político: o dos *consumidores e das suas associações*. Trata-se de um fenômeno carecido de aprofundamento, com elementos positivos que hão de ser incentivados e excessos que se devem evitar. É bom que as pessoas ganhem consciência de que a ação de comprar é sempre um ato moral, para além de econômico. Por isso, ao lado da responsabilidade social da empresa, há uma específica *responsabilidade social do consumidor*. Este há de ser educado,[21] sem cessar, para o papel que exerce diariamente e que pode desempenhar no respeito dos princípios morais, sem diminuir a racionalidade econômica intrínseca ao ato de comprar. Também no setor das compras — precisamente em tempos como os que se estão experimentando e que veem o poder de compra reduzir-se, devendo por conseguinte consumir com maior sobriedade — é necessário percorrer outras estradas como, por exemplo, formas de cooperação para as compras à semelhança das cooperativas de consumo ativas a partir do século XIX graças à iniciativa

---

[21] Cf. João Paulo II, Carta enc. *Centesimus annus* (1º de maio de 1991), 36: *AAS* 83 (1991), 838-840.

dos católicos. Além disso, é útil favorecer formas novas de comercialização de produtos provenientes de áreas pobres da terra para garantir uma retribuição decente aos produtores, contanto que se trate de um mercado verdadeiramente transparente, que os produtores não usufruam apenas de uma margem maior de lucro mas também de maior formação, profissionalização e tecnologia, e que, enfim, não se incluam em tais experiências de economia visões ideológicas de parte. Um papel mais incisivo dos consumidores, desde que não sejam eles próprios manipulados por associações não verdadeiramente representativas, é desejável como fator de democracia econômica.

67. Perante o crescimento incessante da interdependência mundial, sente-se imenso — mesmo no meio de uma recessão igualmente mundial — a urgência de uma reforma quer da *Organização das Nações Unidas* quer da *arquitetura econômica e financeira internacional*, para que seja possível uma real concretização do conceito de família de nações. De igual modo sente-se a urgência de encontrar formas inovadoras para atuar o princípio da *responsabilidade de proteger* [22] e para atribuir também às nações mais pobres uma voz eficaz nas decisões comuns. Isto revela-se necessário precisamente no âmbito de um ordenamento político,

---

[22] Cf. Bento XVI, *Discurso aos participantes na Assembleia Geral das Nações Unidas* (18 de abril de 2008): *Insegnamenti* IV/1 (2008), 618-626.

jurídico e econômico que incremente e guie a colaboração internacional para o desenvolvimento solidário de todos os povos. Para o governo da economia mundial, para sanar as economias atingidas pela crise de modo a prevenir o agravamento da mesma e em consequência maiores desequilíbrios, para realizar um oportuno e integral desarmamento, a segurança alimentar e a paz, para garantir a salvaguarda do ambiente e para regulamentar os fluxos migratórios urge a presença de uma verdadeira *Autoridade política mundial*, delineada já pelo meu predecessor, o Beato João XXIII. A referida Autoridade deverá regular-se pelo direito, ater-se coerentemente aos princípios de subsidiariedade e solidariedade, estar orientada para a consecução do bem comum,[23] *comprometer-se na realização de um autêntico desenvolvimento humano integral inspirado nos valores da caridade na verdade.* Além disso, uma tal Autoridade deverá ser reconhecida por todos, gozar de poder efetivo para garantir a cada um a segurança, a observância da justiça, o respeito dos direitos.[24] Obviamente, deve gozar da faculdade de fazer com que as partes respeitem as próprias decisões, bem como as medidas coordenadas e adotadas nos diversos fóruns

---

[23] Cf. João XXIII, Carta enc. *Pacem in terris* (11 de abril de 1963): *AAS* 55 (1963), 293; Pont. Conselho "Justiça e Paz", *Compêndio da Doutrina Social da Igreja*, n. 441.

[24] Cf. Conc. Ecum. Vat. II, Const. past. sobre a Igreja no mundo contemporâneo *Gaudium et spes*, 82.

internacionais. É que, se isso faltasse, o direito internacional, não obstante os grandes progressos realizados nos vários campos, correria o risco de ser condicionado pelos equilíbrios de poder entre os mais fortes. O desenvolvimento integral dos povos e a colaboração internacional exigem que seja instituído um grau superior de ordenamento internacional de tipo subsidiário para o governo da globalização[25] e que se dê finalmente atuação a uma ordem social conforme à ordem moral e àquela ligação entre esfera moral e social, entre política e esfera econômica e civil que aparece já perspectivada no Estatuto das Nações Unidas.

---

[25] Cf. João Paulo II, Carta enc. *Sollicitudo rei socialis* (30 de dezembro de 1987), 43: *AAS* 80 (1988), 574-575.

Capítulo VI

O DESENVOLVIMENTO DOS POVOS E A TÉCNICA

68. O tema do desenvolvimento dos povos está intimamente ligado com o do desenvolvimento de cada indivíduo. Por sua natureza, a pessoa humana está dinamicamente orientada para o próprio desenvolvimento. Não se trata de um desenvolvimento garantido por mecanismos naturais, porque cada um de nós sabe que é capaz de realizar opções livres e responsáveis; também não se trata de um desenvolvimento à mercê do nosso capricho, enquanto todos sabemos que somos dom e não resultado de autogeração. Em nós, a liberdade é originariamente caracterizada pelo nosso ser e pelos seus limites. Ninguém plasma arbitrariamente a própria consciência, mas todos formam a própria personalidade sobre a base de uma natureza que lhe foi dada. Não são apenas as outras pessoas que são indisponíveis; também nós não podemos dispor arbitrariamente de nós mesmos. *O desenvolvimento da pessoa degrada-se, se ela pretende ser a única produtora de si mesma.* De igual modo, degenera o desenvolvimento dos povos, se a humanidade pensa que se pode re-criar valendo-se

dos "prodígios" da tecnologia. Analogamente, o progresso econômico revela-se fictício e danoso quando se abandona aos "prodígios" das finanças para apoiar incrementos artificiais e consumistas. Perante esta pretensão prometeica, devemos robustecer o amor por uma liberdade não arbitrária, mas tornada verdadeiramente humana pelo reconhecimento do bem que a precede. Com tal objetivo, é preciso que o homem reentre em si mesmo, para reconhecer as normas fundamentais da lei moral natural que Deus inscreveu no seu coração.

69. Hoje, o problema do desenvolvimento está estreitamente unido com o *progresso tecnológico*, com as suas deslumbrantes aplicações no campo biológico. A técnica — é bom sublinhá-lo — é um dado profundamente humano, ligado à autonomia e à liberdade do homem. Nela exprime-se e confirma-se o domínio do espírito sobre a matéria. O espírito, "tornando-se assim 'mais liberto da escravidão das coisas, pode facilmente elevar-se ao culto e à contemplação do Criador'".[1] A técnica permite dominar a matéria, reduzir os riscos, poupar fadigas, melhorar as condições de vida. Dá resposta à própria vocação do trabalho humano: na técnica, considerada como obra do gênio pessoal, o homem reconhece-se a si mesmo e realiza a própria

---

[1] Paulo VI, Carta enc. *Populorum progressio* (26 de março de 1967), 41: *AAS* 59 (1967), 277-278; cf. Conc. Ecum. Vat. II, Const. past. sobre a Igreja no mundo contemporâneo *Gaudium et spes*, 57.

humanidade. A técnica é o aspecto objetivo do agir humano,[2] cuja origem e razão de ser estão no elemento subjetivo: o homem que atua. Por isso, aquela nunca é simplesmente técnica; mas manifesta o homem e as suas aspirações ao desenvolvimento, exprime a tensão do ânimo humano para uma gradual superação de certos condicionamentos materiais. Assim, *a técnica insere-se no mandato de "cultivar e guardar a terra"* (*Gn* 2,15) que Deus confiou ao homem, e há de ser orientada para reforçar aquela aliança entre ser humano e ambiente em que se deve refletir o amor criador de Deus.

70. O desenvolvimento tecnológico pode induzir à ideia de autossuficiência da própria técnica, quando o homem, interrogando-se apenas sobre o *como*, deixa de considerar os muitos *porquês* pelos quais é impelido a agir. Por isso, a técnica apresenta-se com uma fisionomia ambígua. Nascida da criatividade humana como instrumento da liberdade da pessoa, pode ser entendida como elemento de liberdade absoluta; aquela liberdade que quer prescindir dos limites que as coisas trazem consigo. O processo de globalização poderia substituir as ideologias com a técnica,[3] passando esta

---

[2] Cf. João Paulo II, Carta enc. *Laborem exercens* (14 de setembro de 1981), 5: *AAS* 73 (1981), 586-589.

[3] Cf. Paulo VI, Carta ap. *Octogesima adveniens* (14 de maio de 1971), 29: *AAS* 63 (1971), 420.

a ser um poder ideológico que exporia a humanidade ao risco de se ver fechada dentro de um *a priori* do qual não poderia sair para encontrar o ser e a verdade. Em tal caso, todos nós conheceríamos, avaliaríamos e decidiríamos as situações da nossa vida a partir do interior de um horizonte cultural tecnocrático, ao qual pertenceríamos estruturalmente, sem poder jamais encontrar um sentido que não fosse produzido por nós. Esta visão torna hoje tão forte a mentalidade tecnicista que faz coincidir a verdade com o factível. Mas, quando o único critério da verdade é a eficiência e a utilidade, o desenvolvimento acaba automaticamente negado. De fato, o verdadeiro desenvolvimento não consiste primariamente no fazer; a chave do desenvolvimento é uma inteligência capaz de pensar a técnica e de individualizar o sentido plenamente humano do agir do homem, no horizonte de sentido da pessoa vista na globalidade do seu ser. Mesmo quando atua mediante um satélite ou um comando eletrônico à distância, o seu agir continua sempre humano, expressão de uma liberdade responsável. A técnica seduz intensamente o homem, porque o livra das limitações físicas e alarga o seu horizonte. *Mas a liberdade humana só o é propriamente quando responde à sedução da técnica com decisões que sejam fruto de responsabilidade moral.* Daqui, a urgência de uma formação para a responsabilidade ética no uso da técnica. A partir do fascínio que a técnica exerce sobre o ser humano, deve-se recuperar o verdadeiro sentido da liberdade, que não consiste no inebriamento de uma autonomia total, mas na resposta ao apelo do ser, a começar pelo ser que somos nós mesmos.

71. Esta possibilidade da mentalidade técnica se desviar do seu originário álveo humanista ressalta, hoje, nos fenômenos da tecnicização do desenvolvimento e da paz. Frequentemente o desenvolvimento dos povos é considerado um problema de engenharia financeira, de abertura dos mercados, de redução das tarifas aduaneiras, de investimentos produtivos, de reformas institucionais; em suma, um problema apenas técnico. Todos estes âmbitos são muito importantes, mas não podemos deixar de interrogar-nos por que motivo, até agora, as opções de tipo técnico tenham resultado apenas de modo relativo. A razão há de ser procurada mais profundamente. O desenvolvimento não será jamais garantido completamente por forças de certo modo automáticas e impessoais, sejam elas as do mercado ou as da política internacional. *O desenvolvimento é impossível sem homens retos, sem operadores econômicos e homens políticos que sintam intensamente em suas consciências o apelo do bem comum.* São necessárias tanto a preparação profissional como a coerência moral. Quando prevalece a absolutização da técnica, verifica-se uma confusão entre fins e meios:

como único critério de ação, o empresário considerará o máximo lucro da produção; o político, a consolidação do poder; o cientista, o resultado das suas descobertas. Deste modo sucede frequentemente que, sob a rede das relações econômicas, financeiras ou políticas, persistem incompreensões, contrariedades e injustiças; os fluxos dos conhecimentos técnicos multiplicam-se, mas em benefício dos seus proprietários, enquanto a situação real das populações que vivem sob tais influxos, e quase sempre na sua ignorância, permanece imutável e sem efetivas possibilidades de emancipação.

72. Às vezes, também a paz corre o risco de ser considerada como uma produção técnica, fruto apenas de acordos entre governos ou de iniciativas tendentes a assegurar ajudas econômicas eficientes. É verdade que a *construção da paz* exige um constante tecimento de contatos diplomáticos, intercâmbios econômicos e tecnológicos, encontros culturais, acordos sobre projetos comuns, e também a assunção de empenhos compartilhados para conter as ameaças de tipo bélico e cercear à nascença eventuais tentações terroristas. Mas, para que tais esforços possam produzir efeitos duradouros, é necessário que se apoiem sobre valores radicados na verdade da vida. Por outras palavras, é preciso ouvir a voz das populações interessadas e atender à situação delas para interpretar adequadamente os seus anseios. De certo modo, deve-se colocar em continuidade com

o esforço anônimo de tantas pessoas decididamente comprometidas a promover o encontro entre os povos e a favorecer o desenvolvimento partindo do amor e da compreensão recíproca. Entre tais pessoas, contam-se também fiéis cristãos, empenhados na grande tarefa de dar ao desenvolvimento e à paz um sentido plenamente humano.

73. Ligada ao desenvolvimento tecnológico está a crescente presença dos *meios de comunicação social*. Já é quase impossível imaginar a existência da família humana sem eles. No bem e no mal, estão de tal modo encarnados na vida do mundo, que parece verdadeiramente absurda a posição de quantos defendem a sua neutralidade, reivindicando em consequência a sua autonomia relativamente à moral que diria respeito às pessoas. Muitas vezes tais perspectivas, que enfatizam a natureza estritamente técnica dos *mass-media*, de fato favorecem a sua subordinação a cálculos econômicos, ao intuito de dominar os mercados e, não último, ao desejo de impor parâmetros culturais em função de projetos de poder ideológico e político. Dada a importância fundamental que têm na determinação de alterações no modo de ler e conhecer a realidade e a própria pessoa humana, torna-se necessária uma atenta reflexão sobre a sua influência principalmente na dimensão ético-cultural da globalização e do desenvolvimento solidário dos povos. Como requerido por uma correta

gestão da globalização e do desenvolvimento, *o sentido e a finalidade dos* mass-media *devem ser buscados no fundamento antropológico.* Isto quer dizer que os mesmos podem tornar-se *ocasião de humanização*, não só quando, graças ao desenvolvimento tecnológico, oferecem maiores possibilidades de comunicação e de informação, mas também e sobretudo quando são organizados e orientados à luz de uma imagem da pessoa e do bem comum que traduza os seus valores universais. Os meios de comunicação social não favorecem a liberdade nem globalizam o desenvolvimento e a democracia para todos, simplesmente porque multiplicam as possibilidades de interligação e circulação das ideias; para alcançar tais objetivos, é preciso que estejam centrados na promoção da dignidade das pessoas e dos povos, animados expressamente pela caridade e colocados ao serviço da verdade, do bem e da fraternidade natural e sobrenatural. De fato, na humanidade, a liberdade está intrinsecamente ligada a estes valores superiores. Os *mass-media* podem constituir uma válida ajuda para fazer crescer a comunhão da família humana e o *ethos* das sociedades, quando se tornam instrumentos de promoção da participação universal na busca comum daquilo que é justo.

74. Hoje, um campo primário e crucial da luta cultural entre o absolutismo da técnica e a responsabilidade moral do homem é o da *bioética*, onde se joga

radicalmente a própria possibilidade de um desenvolvimento humano integral. Trata-se de um âmbito delicadíssimo e decisivo, onde irrompe, com dramática intensidade, a questão fundamental de saber se o homem se produziu por si mesmo ou depende de Deus. As descobertas científicas neste campo e as possibilidades de intervenção técnica parecem tão avançadas que impõem a escolha entre estas duas concepções: a da razão aberta à transcendência ou a da razão fechada na imanência. Está-se perante uma opção decisiva. No entanto a concepção racional da tecnologia centrada sobre si mesma apresenta-se como irracional, porque implica uma decidida rejeição do sentido e do valor. Não é por acaso que a posição fechada à transcendência se defronta com a dificuldade de pensar como tenha sido possível do nada ter brotado o ser e do acaso ter nascido a inteligência.[4] Face a estes dramáticos problemas, razão e fé ajudam-se mutuamente; e só conjuntamente salvarão o homem: *fascinada pela pura tecnologia, a razão sem a fé está destinada a perder-se na ilusão da própria onipotência, enquanto a fé sem a razão corre o risco do alheamento da vida concreta das pessoas.*[5]

---

[4] Cf. Bento XVI, *Discurso aos participantes no IV Congresso Eclesial Nacional da Igreja que está em Itália* (19 de outubro de 2006): *Insegnamenti* II/2 (2006), 465-477; *Homilia da Santa Missa no "Islinger Feld" di Regensburg* (12 de setembro de 2006): *Insegnamenti* II/2 (2006), 252-256.

[5] Cf. Congr. da Doutrina da Fé, Instr. sobre algumas questões de bioética

75. Paulo VI já tinha reconhecido e indicado o horizonte mundial da questão social.[6] Prosseguindo por esta estrada, é preciso afirmar que hoje a *questão social tornou-se radicalmente antropológica*, enquanto toca o próprio modo não só de conceber mas também de manipular a vida, colocada cada vez mais nas mãos do homem pelas biotecnologias. A fecundação *in vitro*, a pesquisa sobre os embriões, a possibilidade da clonagem e hibridação humana nascem e promovem--se na atual cultura do desencanto total, que pensa ter desvendado todos os mistérios porque já se chegou à raiz da vida. Aqui o absolutismo da técnica encontra a sua máxima expressão. Em tal cultura, a consciência é chamada apenas a registrar uma mera possibilidade técnica. Contudo não se pode minimizar os cenários inquietantes para o futuro do homem e os novos e poderosos instrumentos que a "cultura da morte" tem à sua disposição. À difusa e trágica chaga do aborto poder--se-ia juntar no futuro — embora sub-repticiamente já esteja presente *in nuce* — uma sistemática planificação eugenética dos nascimentos. No extremo oposto, vai abrindo caminho uma *mens eutanasica*, manifestação não menos abusiva de domínio sobre a vida, que é considerada, em certas condições, como não digna de

---

Dignitas personæ (8 de setembro de 2008): *AAS* 100 (2008), 858-887.

[6] Cf. Carta enc. *Populorum progressio* (26 de março de 1967), 3: *AAS* 59 (1967), 258.

ser vivida. Por detrás destes cenários encontram-se posições culturais negacionistas da dignidade humana. Por sua vez, estas práticas estão destinadas a alimentar uma concepção material e mecanicista da vida humana. Quem poderá medir os efeitos negativos de tal mentalidade sobre o desenvolvimento? Como poderá alguém maravilhar-se com a indiferença diante de situações humanas de degradação, quando se comporta indiferentemente com o que é humano e com aquilo que não o é? Maravilha a seleção arbitrária do que hoje é proposto como digno de respeito: muitos, prontos a escandalizar-se por coisas marginais, parecem tolerar injustiças inauditas. Enquanto os pobres do mundo batem às portas da opulência, o mundo rico corre o risco de deixar de ouvir tais apelos à sua porta por causa de uma consciência já incapaz de reconhecer o humano. Deus revela o homem ao homem; a razão e a fé colaboram para lhe mostrar o bem, desde que o queira ver; a lei natural, na qual reluz a Razão criadora, indica a grandeza do homem, mas também a sua miséria quando ele desconhece o apelo da verdade moral.

76. Um dos aspectos do espírito tecnicista moderno é palpável na propensão a considerar os problemas e as moções ligados à vida interior somente do ponto de vista psicológico, chegando-se mesmo ao reducionismo neurológico. Assim esvazia-se a interioridade do homem e, progressivamente, vai-se perdendo a noção

da consistência ontológica da alma humana, com as profundidades que os Santos souberam pôr a descoberto. *O problema do desenvolvimento está estritamente ligado também com a nossa concepção da alma do homem*, uma vez que o nosso eu acaba muitas vezes reduzido ao psíquico, e a saúde da alma é confundida com o bem-estar emotivo. Na base, estas reduções têm uma profunda incompreensão da vida espiritual e levam-nos a ignorar que o desenvolvimento do homem e dos povos depende verdadeiramente também da solução dos problemas de caráter espiritual. *Além do crescimento material, o desenvolvimento deve incluir o espiritual*, porque a pessoa humana é "um ser uno, composto de alma e corpo",[7] nascido do amor criador de Deus e destinado a viver eternamente. O ser humano desenvolve-se quando cresce no espírito, quando a sua alma se conhece a si mesma e apreende as verdades que Deus nela imprimiu em gérmen, quando dialoga consigo mesma e com o seu Criador. Longe de Deus, o homem vive inquieto e está mal. A alienação social e psicológica e as inúmeras neuroses que caracterizam as sociedades opulentas devem-se também a causas de ordem espiritual. Uma sociedade do bem-estar, materialmente desenvolvida mas oprimente para a alma, de per si não está orientada para o autêntico

---

[7] Conc. Ecum. Vat. II, Const. past. sobre a Igreja no mundo contemporâneo *Gaudium et spes*, 14.

desenvolvimento. As novas formas de escravidão da droga e o desespero em que caem tantas pessoas têm uma explicação não só sociológica e psicológica, mas essencialmente espiritual. O vazio em que a alma se sente abandonada, embora no meio de tantas terapias para o corpo e para o psíquico, gera sofrimento. *Não há desenvolvimento pleno nem bem comum universal sem o bem espiritual e moral das pessoas*, consideradas na sua totalidade de alma e corpo.

77. O absolutismo da técnica tende a produzir uma incapacidade de perceber aquilo que não se explica meramente pela matéria; e, no entanto, todos os homens experimentam os numerosos aspectos imateriais e espirituais da sua vida. Conhecer não é um ato apenas material, porque o conhecido esconde sempre algo que está para além do dado empírico. Todo o nosso conhecimento, mesmo o mais simples, é sempre um pequeno prodígio, porque nunca se explica completamente com os instrumentos materiais que utilizamos. Em cada verdade, há sempre mais do que nós mesmos teríamos esperado; no amor que recebemos, há sempre qualquer coisa que nos surpreende. Não deveremos cessar jamais de maravilhar-nos diante destes prodígios. Em cada conhecimento e em cada ato de amor, a alma do homem experimenta um "extra" que se assemelha muito a um dom recebido, a uma altura para a qual nos sentimos atraídos. Também o desenvolvimento do homem e dos

povos se coloca a uma tal altura, se considerarmos *a dimensão espiritual* que deve necessariamente conotar aquele para que possa ser autêntico. Este requer olhos novos e um coração novo, capaz de *superar a visão materialista dos acontecimentos humanos* e entrever no desenvolvimento um "mais além" que a técnica não pode dar. Por este caminho, será possível perseguir aquele desenvolvimento humano integral que tem o seu critério orientador na força propulsora da caridade na verdade.

CONCLUSÃO

78. Sem Deus, o homem não sabe para onde ir e não consegue sequer compreender quem seja. Perante os enormes problemas do desenvolvimento dos povos que quase nos levam ao desânimo e à rendição, vem em nosso auxílio a palavra do Senhor Jesus Cristo que nos torna cientes deste dado fundamental: "Sem Mim, nada podeis fazer" (*Jo* 15,5), e encoraja: "Eu estarei sempre convosco, até ao fim do mundo" (*Mt* 28,20). Diante da vastidão do trabalho a realizar, somos apoiados pela fé na presença de Deus junto daqueles que se unem no seu nome e trabalham pela justiça. Paulo VI recordou-nos, na *Populorum progressio*, que o homem não é capaz de gerir sozinho o próprio progresso, porque não pode por si mesmo fundar um verdadeiro humanismo. Somente se pensarmos que somos chamados, enquanto indivíduos e comunidade, a fazer parte da família de Deus como seus filhos, é que seremos capazes de produzir um novo pensamento e exprimir novas energias ao serviço de um verdadeiro humanismo integral. Por isso, a maior força ao serviço do desenvolvimento é um humanismo cristão[1] que reavive a caridade e que se deixe guiar pela verdade, acolhendo uma e outra

---

[1] Cf. n. 42: *AAS* 59 (1967), 278.

como dom permanente de Deus. A disponibilidade para Deus abre à disponibilidade para os irmãos e para uma vida entendida como tarefa solidária e jubilosa. Pelo contrário, a reclusão ideológica a Deus e o ateísmo da indiferença, que esquecem o Criador e correm o risco de esquecer também os valores humanos, contam-se hoje entre os maiores obstáculos ao desenvolvimento. *O humanismo que exclui Deus é um humanismo desumano.* Só um humanismo aberto ao Absoluto pode guiar-nos na promoção e realização de formas de vida social e civil — no âmbito das estruturas, das instituições, da cultura, do *ethos* — preservando-nos do risco de cairmos prisioneiros das modas do momento. É a consciência do Amor indestrutível de Deus que nos sustenta no fadigoso e exaltante compromisso a favor da justiça, do desenvolvimento dos povos, por entre êxitos e fracassos, na busca incessante de ordenamentos retos para as realidades humanas. *O amor de Deus chama-nos a sair daquilo que é limitado e não definitivo, dá-nos coragem de agir continuando a procurar o bem de todos,* ainda que não se realize imediatamente e aquilo que conseguimos atuar — nós e as autoridades políticas e os operadores econômicos — seja sempre menos de quanto anelamos.[2] Deus dá-nos a força de lutar e sofrer por amor do bem comum, porque Ele é o nosso Tudo, a nossa esperança maior.

---

[2] Cf. Bento XVI, Carta enc. *Spe salvi* (30 de novembro de 2007), 35: *AAS* 99 (2007), 1013-1014.

79. *O desenvolvimento tem necessidade de cristãos com os braços levantados para Deus* em atitude de oração, cristãos movidos pela consciência de que o amor cheio de verdade — *caritas in veritate* –, do qual procede o desenvolvimento autêntico, não o produzimos nós, mas é-nos dado. Por isso, inclusive nos momentos mais difíceis e complexos, além de reagir conscientemente devemos sobretudo referir-nos ao seu amor. O desenvolvimento implica atenção à vida espiritual, uma séria consideração das experiências de confiança em Deus, de fraternidade espiritual em Cristo, de entrega à providência e à misericórdia divina, de amor e de perdão, de renúncia a si mesmos, de acolhimento do próximo, de justiça e de paz. Tudo isto é indispensável para transformar os "corações de pedra" em "corações de carne" (*Ez* 36,26), para tornar "divina" e consequentemente mais digna do homem a vida sobre a terra. Tudo *isto é do homem*, porque o homem é sujeito da própria existência; e ao mesmo tempo *é de Deus*, porque Deus está no princípio e no fim de tudo aquilo que tem valor e redime: "quer o mundo, quer a vida, quer a morte, quer o presente, quer o futuro, tudo é vosso; mas vós sois de Cristo, e Cristo é de Deus" (*1Cor* 3,22-23). A ânsia do cristão é que toda a família humana possa invocar a Deus como o "Pai nosso". Juntamente com o Filho unigênito, possam todos os homens aprender a rezar ao Pai e a pedir-Lhe, com as palavras que o próprio Jesus nos ensinou, para sabê-Lo santificar vivendo segundo a sua vontade, e depois ter o pão necessário para cada dia, a compreensão e a generosidade com quem nos ofendeu, não ser postos à prova além das suas forças e ver-se livres do mal (cf. *Mt* 6,9-13).

No final do *Ano Paulino*, apraz-me formular os seguintes votos com palavras do Apóstolo tiradas da sua *Carta aos Romanos*: *"Que a vossa caridade seja sincera, aborrecendo o mal e aderindo ao bem. Amai--vos uns aos outros com amor fraternal, adiantando-vos em honrar uns aos outros"* (12,9-10). Que a Virgem Maria, proclamada por Paulo VI *Mater Ecclesiæ* e honrada pelo povo cristão como *Speculum Iustitiæ* e *Regina Pacis*, nos proteja e obtenha, com a sua intercessão celeste, a força, a esperança e a alegria necessárias para continuarmos a dedicar-nos com generosidade ao compromisso de realizar o *"desenvolvimento integral do homem todo e de todos os homens"*.[3]

Dado em Roma, junto de São Pedro, no dia 29 de junho — Solenidade dos Santos Apóstolos Pedro e Paulo — do ano 2009, quinto do meu Pontificado.

BENTO XVI

---

[3] Paulo VI, Carta enc. *Populorum progressio* (26 de março de 1967), 42: *AAS* 59 (1967), 278.

Sumário

Introdução 3

Capítulo I – A mensagem da *Populorum progressio* 15

Capítulo II – O desenvolvimento humano no nosso tempo....31

Capítulo III – Fraternidade, desenvolvimento econômico
e sociedade civil...57

Capítulo IV – Desenvolvimento dos povos, direitos
e deveres, ambiente...79

Capítulo V – A colaboração da família humana 99

Capítulo VI – O desenvolvimento dos povos e a técnica 125

Conclusão...139

Rua Dona Inácia Uchoa, 62
04110-020 – São Paulo – SP (Brasil)
Tel.: (11) 2125-3500
http://www.paulinas.com.br – editora@paulinas.com.br
Telemarketing e SAC: 0800-7010081